Curso Completo de Inglés
Teach Yourself English

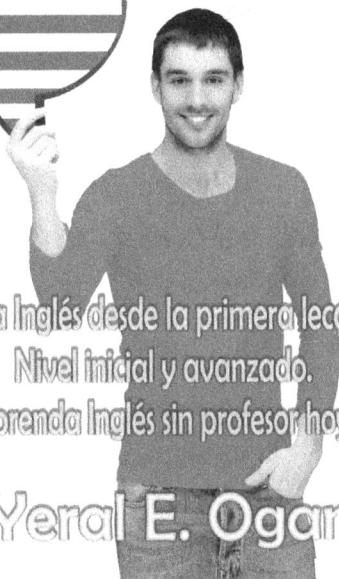

Habla Inglés desde la primera lección.
Nivel inicial y avanzado.
Aprenda Inglés sin profesor hoy.

Dr. Yeral E. Ogando

Curso Completo de Inglés© 2016 por Dr. Yeral E. Ogando
Publicado: Christian Translation LLC
Impreso en los EE.UU
Diseño de Portada por SAL media

ISBN 13: 978-0-9966873-9-3
ISBN 10: 0-9966873-9-4

1. Language Learning - Aprender un Idioma.
2. English Language – Idioma Inglés

DEDICACIÓN:

Éste libro está dedicado a la Única y duradera persona que siempre ha estado ahí para mí, sin importar cuán terco soy:
DIOS

Sin Ti mi Dios, nada soy. Gracias por tu misericordia e inmerecedora Gracia.

AGRADECIMIENTOS:

Gracias a Dios por permitir que mi sueño se hiciera realidad y por darme fuerzas cuando sentí ganas de renunciar.

De no haber sido por el apoyo que he recibido a lo largo del camino de parte de éstas increíbles y sorprendentes personas, no estaría donde estoy hoy. Gracias a mi editora, Sharon A. Lavy y a los "Diseñadores de la Portada", SAL media por haber hecho un gran trabajo ayudándome con esta obra.

Elizabeth McAchren por su excelente colaboración e ideas durante la creación de este primer libro de la serie. Coleman Clarke y Kathryn Ganime-Leech por su increíble trabajo en el audio.

Ésta ha sido una muy larga jornada para mi familia, pero la recompensa es digna. Gracias a mi padre, Héctor y a mis hijas, Yeiris y Tiffany por permanecer a mi lado a través de éste viaje. Saben que les amo.

God bless you all
Dios les bendiga

Dr. Yeral E. Ogando
www.aprendeis.com

Tabla De Contenido

Introducción

He publicado este método para que puedan aprender inglés en forma rápida y eficaz.

Les pido que dediquen 20 minutos diarios al estudio del inglés sin interrupción, para que puedan concentrarse y digerir el contenido de esta obra. Uno de los desafíos más grande del aprendizaje es ser una persona Autodidacta, en otras palabras, que aprende por cuenta propia. Se requiere mucha disciplina y dedicación en el estudio para poder lograr un buen aprendizaje. Estudiar una hora completa cada día puede hacerlos sentirse aburridos o cansados rápidamente, esta es la razón por la que les recomiendo un mínimo de 20 minutos y un máximo de 40 minutos al día para mejor aprendizaje. De este modo podrán lograr mejores resultados.

Les deseo Buena suerte en este increíble viaje al mundo del aprendizaje del idioma inglés, y recuerden, *"Hablen sin vergüenza"*

Dr. Yeral E. Ogando
www.aprendeis.com

SÍMBOLOS Y ABREVIACIONES

Audio: Indica que se necesita el Audio MP3 para esta sección. No olviden que cada oración o palabra en inglés está disponible en audio MP3.

Dialogo: Indica dialogo o texto de lectura.

Gramática: Indica la gramática o explicación de la estructura del idioma

Ejercicios: Indica las secciones para ejercicios y prácticas.

Prólogo

Muchas personas creen que *"Aprender Inglés"* es una tarea muy difícil, de modo que se pasan la vida con el deseo de Aprender Inglés, pero nunca se deciden por el miedo o tabú que se les han inculcado, que el Inglés es muy difícil de aprender.

Estoy completamente de acuerdo con las personas que dicen que es difícil Aprender Inglés, puesto que nunca han tenido el método adecuado o la enseñanza correcta para aprenderlo. En otras palabras, siempre será difícil Aprender Inglés sino se tiene la herramienta adecuada.

No olviden que no todo el que enseña, sabe enseñar. Existen muchos profesores y muchos métodos para aprender, sin embargo, la mayoria de ellos no abordan la forma correcta para el aprendizaje del estudiante. Este método les demostrará lo sencillo que es poder "hablar Inglés" en poco tiempo. Después de mas de 10 años de experiencia y vivenciando la forma rápida del aprendizaje de mis estudiantes, pongo en sus manos este tesoro.

Les demostraré que desde la primera lección con este método, podrán comenzar a hablar Inglés. No tienen que esperar meses y años, pueden hablar al momento de haber terminado la primera lección. ¿Y si eso es con la primera lección? Imaginense después de haber terminado el curso completo.

Este curso es para enseñarles la forma correcta de Aprender Inglés, reconociendo los patrones y formas de hablar; aun podrán aprender un poco más de español en este increíble viaje.

Siempre recomiendo a mis alumnos que estudien un mínimo de 20 minutos y un máximo de 40 minutos al día. Esto les permitirá aprovechar al máximo su aprendizaje y a la vez a mantener la mente activa en el idioma. No traten de estudiar varias horas un día a la semana, porque se fatigarán y aburrirán, no llegando a sacarle provecho al aprendizaje. Es mejor un poco con calidad que mucho sin efectividad.

La mayoría de los métodos y cursos para aprender Inglés inician con el alfabeto; este no es uno de ellos. Permítanme decirles que el alfabeto en inglés, solo les sirve para deletrear las palabras. No es como en español que al saber el alfabeto, podemos conocer los sonidos y pronunciaciones. El inglés es distinto, los sonidos y pronunciaciones deberán ser escuchados y aprendidos en el transcurso del curso.

PASOS PARA USAR ESTE LIBRO Y SACARLE EL MEJOR PROVECHO

Asegúrense de **DESCARGAR** el Audio del libro con las instrucciones encontradas en la página "**BONO GRATIS**" este método no tiene la pronunciación marcada o habla de la pronunciación, es **IMPERATIVO** descargar el audio para poder aprender la pronunciación correcta del inglés.

Ve a la página de "**BONO GRATIS**" y descarga el audio del libro.

Lee la conversación del libro, escuchando la pronunciación directamente del audio. Asegúrate de captar la pronunciación y practicarla.

Lee y aprende las nuevas palabras, frases y expresiones encontradas en la sección "*New Words*" y "*Phrases and Expressions*".

Ahora debes concentrarte en la gramática de la lección. Esta es la parte más importante y lo que te permitirá hablar correctamente. Presta mucha atención a cada explicación y en especial a la estructura de las palabras. Recuerda que necesitas el audio para las oraciones o ejemplos encontrado en todo el libro. Nunca pases a otra sección o lección sin antes dominar completamente la gramática.

Ahora necesitas regresar al inicio de la lección y escuchar una vez más las conversaciones hasta que puedas comprenderlas bien y asimilar la estructura.

Repasa las nuevas palabras, frases y expresiones hasta que las aprendas bien y asegúrate de lograr la pronunciación como la del audio. El desafío más grande que tienes es dominar la pronunciación y pronunciar como la voz nativa del audio MP3. Es tiempo de realizar los ejercicios. Asegúrate de llenar y practicar cada ejercicio. Los mismos medirán tu comprensión de la gramática de la lección. Una vez llenes tus ejercicios, revísalos una y otra vez, y cuando ya estés seguro. Entonces, podrás ver las respuestas al final del libro, solo para comparar y asegurarte de que lo hiciste bien. No hagas trampa.

Ya terminaste la lección. Felicidades. Ahora debes regresar al inicio de la lección una vez más y repasarla por completo, como si fuera la primera vez. Si viste que los conceptos expresados los entendiste bien y los manejaste a la perfección, es porque estás listo para pasar a la siguiente lección. De lo contrario, entonces, deberás seguir el repaso de la lección hasta que la domines a la perfección.

🔒Lesson 1
I speak English – Yo hablo Inglés

💬**Conversation 1**

Teacher: Good morning.

Students: Hi.

Teacher: What is your name?

Student A: My name is Allan.

Teacher: Allen, it's nice to meet you.

Student A: No, I am Allan.

Teacher: Oh, okay. Nice to meet you, Allan.

💬**Conversation 2**

Teacher: Hello. What is your name?

Spy: Mr. Knife.

Teacher: Tell me about yourself.

Spy: I speak English and Spanish. I live in Europe. I work in New York. And I like to eat three foods: meat, cheese, and cake.

Teacher: You live in Europe, and you work in New York, good.

Spy: Yes, I like to travel.

Teacher: I assume you travel on an airplane…

Spy: I travel in buses, cars, and airplanes.

Teacher: You need to rest!

New words – Nuevas palabras
Three foods – tres comidas
Airplane – avión

A car – un carro
A song – una canción
An email – un email
Baby – bebé
Beer – cerveza
Book – libro
Box – caja
Boy – chico / muchacho
Bus – bus / autobús
Cake – bizcocho
Cheese – queso
Chicken – pollo
Church – iglesia
City – ciudad
Dish – plato
English – inglés
Fast – rápido
Fish – pescado
French – francés
Fruit – fruta
German – alemán
Hard – duro
Ice cream – helado
Kiss – beso
Knife – cuchillo
Leaf – hoja *(de un árbol)*
Life – vida
My dog – mi perro
My father – mi padre
Potato – papa
Rice – arroz
Soup – sopa

Spanish – español
Spy – espía
The teacher – el profesor
To Europe – a Europa
Tomato – tomate
Wife – esposa

Phrases and Expressions - Frases y expresiones

Hello – hola *(usualmente al responder el teléfono)*
Hi - hola
Good morning - buenos días
Good afternoon - buenas tardes
Good evening - buenas noches *(al caer la noche)*
Good night – buenas noches *(al despedirse y después de las 10 pm)*
Please - por favor
Thank you - gracias
Excuse me – perdón / con permiso
What is your name? - ¿Cuál es tu nombre? / ¿Cómo te llamas?
My name is... - me llamo / mi nombre es...
Pleased to meet you – encantado de conocerte
Nice to meet you - mucho gusto
Thank you very much - muchas gracias
You're welcome - de nada
See you later - hasta luego
Have a nice day - qué pase un buen día
See you tomorrow – hasta mañana
Goodbye - adiós
Tell me about yourself – háblame acerca de ti

I assume – yo supongo
After work – después del trabajo
In New York – en Nueva York
In the pool – en la piscina
Like a baby – como un bebé (like *en este caso se traduce como, parecido a)*
With my wife – con mi esposa
In the park – en el parque

Grammar – Gramática

Vamos a iniciar nuestro aprendizaje y nuestra primera tarea es aprender a poner las palabras en plural, entiéndase, de una a varias cosas.

En español decimos:

Libro

Entendemos que está en singular, porque se refiere a una sola cosa.

Libros

Entendemos que está en plural, porque se refiere a varias cosas.

En español tenemos muchas maneras de formar el plural de las palabras; en inglés, en cambio, tenemos muy pocas y es bastante sencillo. Veamos.

The plural - El plural

Casi todas las palabras formarán el plural agregándole "*S*" o "*ES*". De entrada asumimos que todas las palabras forman el plural agregándole "*S*". Esta diferencia es el concepto general a aprender.

Book – libro
Book*s* – libros

15

*Bike – bicicleta
Bike*s* – bicicletas

Meat - carne
Meat*s* – tipos de carne

Soup – sopa
Soup*s* – tipos de sopa

Como ustedes pueden ver en "*bike*", las palabras que terminan en "*E*", solo se le agrega "*S*"al plural.

Practiquemos unos ejemplos más.
Beer – cerveza
Beer*s* – vasos de cerveza

Cake – bizcocho
Cake*s* – bizcochos

Fruit – fruta
Fruit*s* – tipos de fruta

Las palabras que terminan en "*CH, SH, O, S, X, Z*" forman su plural agregándoles "*ES*".
Church – iglesia
Church*es* – Iglesias

Dish – plato
Dish*es* – platos

Potato – papa
Potato*es* – papas

Tomato – tomate
Tomato*es* – tomates

Bus – bus / autobús
Buses – bus*es* – autobuses

Kiss – beso
Kiss*es* - besos

Box – caja
Box*es* – cajas

Las palabras que terminan en "*Y*" precedida de una consonante, entiéndase, cuando antes de la "*Y*" hay una consonante, forman su plural cambiando la "*Y*" por una "*i*", después agregándole "*ES*".

Baby – bebé
Bab*ies* – bebés

City – ciudad
Cit*ies* – ciudades

Spy – espía
Sp*ies* – espías

Veamos si aprendimos bien el concepto. *¿Cómo formaríamos el plural de la palabra "boy"?*
El plural es normal, como todas las palabras, agregándole "*S*".

Boy – chico / muchacho
Boy*s* – chicos / muchachos

Aunque termina en "*Y*", como pueden ver, está precedida por una vocal, y la regla dice que solo cuando esté precedida de una consonante. No lo olviden.

Las palabras que terminan en *"F"* o *"FE"* cambian la *"F"* por una *"V"* y entonces se le agrega *"ES"* o *"S"*.

Kni*fe* – cuchillo
Kni*ves* – cuchillos

Wi*fe* – esposa
Wi*ves* – esposas

Li*fe* – vida
Li*ves* – vidas
Lea*f* – hoja (de un árbol)
Lea*ves* – hojas

Este es el concepto general que es necesario que aprendan muy bien antes de continuar. Como siempre, existen palabras irregulares al plural, las cuales veremos mientras vamos desarrollando nuestro aprendizaje. Si aún no dominan este concepto básico del plural, es necesario que lo repasen y lo dominen completamente; de esto depende el éxito de este curso.

Personal pronouns - Los pronombres personales

Aprenderemos los pronombres personales, en inglés. Los dividiré en 2 grupos para mejor entendimiento.

Singular. Estos son los pronombres que se refieren a una sola persona.

I   - yo
You   - tú o usted
He   - él
She   - ella
It   - él o ella para animal o cosa.

Plural. Estos son los pronombres que se refieren a dos o varias personas.

We   - nosotros
You   - ustedes
They   - ellos / ellas

Como ustedes pueden notar "*tú*" "*usted*" y "*ustedes*" es lo mismo en inglés. Presten mucha atención y no se confundan.

Deben prestar mucha atención a las terceras personas del singular "*He / She / it*". Por lo general éstas van juntas. Esta es la razón por la cual hemos aprendido el plural de las palabras primero. En inglés, estos pronombres personales "*He / She / It*" son los que hacen la diferencia y los que pueden complicar las cosas si no se dominan bien. *Entremos en materia importante ahora.*

Conjugation of verbs in present tense - Conjugación de los verbos en el presente simple.

En español sabemos que un verbo está en infinitivo, esto es, en su forma del diccionario sin conjugar, cuando tiene la terminación "*Ar / Er / Ir*".

Hablar

Comer

Vivir

Como sabemos, no es lógico ni posible decir "*Yo hablar*". Estaríamos hablando como cavernícolas. ¿No es verdad?

En español, le quitamos la terminación "*Ar / Er / Ir*" y entonces agregamos la terminación correspondiente al pronombre personal.

Hablar   *- habl*
Yo hablo
Tú hablas
Comer   *- com*
Yo como
Tú comes
Vivir   *- viv*
Yo vivo
Tú vives

En inglés, no tenemos que preocuparnos por nada de eso; de hecho, en inglés es bastante sencillo, como verán a continuación.

Sabemos que un verbo está en infinitivo, esto es, en su forma sin conjugar en inglés cuando lleva la partícula "*To*" al inicio.

To speak – hablar

To eat – comer

To live – vivir

Al igual que en español, en inglés no podemos decir "*I to speak*". Estaríamos diciendo "*Yo hablar*", y como la época de cavernícolas ya pasó, debemos hablar correctamente.

Para conjugar el verbo en inglés, solo tenemos que quitarle la partícula "*To*" y agregar los pronombres personales.

To speak – hablar

I	speak – Yo hablo	
You	speak – Tú hablas / Usted habla	
He	*speaks – Él habla*	
She	*speaks – Ella habla*	
We	speak – Nosotros hablamos	
You	speak – Ustedes hablan	
They	speak – Ellos / Ellas hablan	

To eat – comer

I	eat	- Yo como
You	eat	- Tú comes / Usted come
He	*eats*	*- Él come*
She	*eats*	*- Ella come*
We	eat	- Nosotros comemos
You	eat	- Ustedes comen
They	eat	- Ellos / Ellas comen

To live – vivir

I	live	- Yo vivo
You	live	- Tú vives / Usted vive
He	*lives*	*- Él vive*
She	*lives*	*- Ella vive*
We	live	- Nosotros vivimos

You	live	- Ustedes viven
They	live	- Ellos / Ellas viven

No veo nada difícil, ¿Acaso ustedes ven alguna dificultad? Exacto. Todo es sencillo y fácil de aprender con el método correcto.

Recuerden que "*You*" significa tanto "*tú o usted*" y en su forma plural "*ustedes*".

También ya habrán visto que la conjugación es la misma para todos estos pronombres (*I, You, We, You, They*). Solo tenemos que quitar el "*To*" y ya podemos hablar.

Para conjugar un verbo con "*He / She / It*" en inglés, solo tenemos que aplicar la regla que ya aprendimos para formar el plural de las palabras con los verbos. Por ahora concéntrense en la conjugación de "*I / You / We / You / They*". Más adelante trataremos a fondo la conjugación para "*He / She / It*".

Yo les dije que podrían hablar inglés desde su primera lección, ¿*no es así*?, bueno, les mentí. No tienen que terminar la primera lección; de hecho, ya pueden comenzar a hablar inglés. ¿*Acaso no me creen*? Vamos a ver.

¿*Cómo se dice frutas*? Recordemos que ya aprendimos esta palabra, la cual es "*fruits*".

¿*Cómo se dice* "*yo como*"? También acabamos de aprenderlo, lo cual es, "*I eat*".

I eat fruit. – yo como fruta.
We eat fruit. – nosotros comemos fruta.

¿Estamos o no hablando inglés? Aprendamos 3 palabras más.
English – inglés
Spanish – español
In New York – en Nueva York

I live in New York – yo vivo en Nueva York.
I speak English – yo hablo inglés.
You speak Spanish – tú hablas español / usted habla español / ustedes hablan español.

Con este poco que hemos aprendido, ya podemos hablar cosas básicas. Solo tenemos que aprender algunas palabras o vocabularios de complemento. Y listo, ya estamos hablando inglés.

Por ejemplo, en vez de *New York,* pueden decir cualquier otro estado o lugar donde vivan. En vez de *English* o *Spanish*, pueden decir cualquier otro idioma que sepan. En vez de *fruit* pueden decir cualquier otra cosa que coman.

Vamos a ver si es verdad lo que les estoy diciendo.

A few words – Unas pocas palabras
At night - por la noche / en la noche

Cheese – queso	Chicken – pollo
Correct – correcto	Fish – pescado
French – Francés	German – Alemán
Ice cream – helado	Now - ahora
People – personas	Rice – arroz

Slowly - despacio / lentamente

Some - algunos	Spy - espia

Students - estudiantes
True - verdad /verdadero
Two - dos

¿Cómo diríamos las siguientes frases?
Tú comes arroz
Nosotros comemos pescado
Ellos comen carne
Usted come helado
Ellas comen queso
Nosotros hablamos alemán
Ustedes hablan francés

Ya aprendimos la estructura y forma de crear todas estas frases. Como sé que lo han hecho bien, solo para que estén seguros les colocaré las respuestas más abajo.

You eat rice
We eat fish
They eat meat
You eat ice cream
They eat cheese
We speak German
You speak French

Como pueden ver, es mucho más fácil de lo que les había dicho. Ya sé que están hambrientos por aprender más y hablar inglés fluido. Es por esto que les voy a presentar una lista de verbos que les ayudarán en su pronto hablar.

List of verbs in present tense - Listado de verbos en el presente simple.

- *To argue* with my wife – discutir con mi esposa
- *To circle* the correct word – encerrar la palabra correcta
- *To cook* rice – cocinar arroz
- *To dance* merengue – bailar merengue
- *To drink* a beer – beber una cerveza
- *To drive* a car – conducir un carro
- *To eat* fruit – comer fruta
- *To fish* a fish – pescar un pez
- *To hug* my father – abrazar a mi padre
- *To kiss* my dog – besar a mi perro
- *To put down* the knife - bajar el cuchillo
- *To read* a book – leer un libro
- *To rest* after work – descansar después del trabajo
- *To run* fast – correr rápido
- *To sing* a song – cantar una canción
- *To sleep* like a baby – dormir como un bebé
- *To study* English – estudiar inglés
- *To swim* in the pool – nadar en la piscina
- *To talk* to the teacher – hablar con el profesor
- *To travel* to Europe – viajar a Europa
- *To walk* in the park – caminar en el parque
- *To wash up the* dishes - lavar los platos
- *To work* hard – trabajar duro
- *To write* an email – escribir un email

Three model verbs - Tres verbos modales.

To want – querer
I want - yo quiero
You want- tú quieres / usted quiere
He wants - él quiere
She wants - ella quiere
We want- nosotros queremos
You want- ustedes quieren
They want - ellos / ellas quieren

To need – necesitar
I need - yo necesito
You need - tú necesitas / usted necesita
He needs - él necesita
She needs - ella necesita
We need - nosotros necesitamos
You need - ustedes necesitan
They need - ellos / ellas necesitan

To like – gustar
I like - me gusta
You like - te gusta / le gusta (a usted)
He likes - le gusta (a él)
She likes - le gusta (a ella)
We like - nos gusta
You like - les gusta (a ustedes)
They like - les gusta (a ellos / ellas)

Con estos tres verbos modales además de la lista
de verbos anterior, ustedes pueden hablar inglés sin

problema, un inglés básico, pero pueden hablar muchísimo. Vamos a ver algunos ejemplos usando los verbos ya aprendidos y los verbos modales.

I drink a beer – yo bebo una cerveza
I want to drink a beer – yo quiero beber una cerveza
I need to drink a beer – yo necesito beber una cerveza
I like to drink beer – me gusta beber cervezas

Veamos rápidamente la estructura con los verbos modales.
En español decimos "*yo quiero beber una cerveza*". El verbo después de *quiero* está en infinitivo "*beber*", porque ya hemos conjugado el primero "*quiero*". Es el mismo concepto en inglés.

I want *to drink* a beer – Yo quiero beber una cerveza.

Como ya conjugamos "*I want – yo quiero*" el verbo que le sigue debe estar en infinitivo "*to drink – beber*".

We want *to dance* merengue – queremos bailar merengue
They need *to run* fast – ellos necesitan correr rápido
You like *to cook* fish– te gusta cocinar pescado
I need *to work* hard – necesito trabajar duro
I want *to kiss* my dog – quiero besar mi perro
We need *to talk* to the teacher – necesitamos hablar con el profesor

¿Pueden entender la estructura o patrón? Espero que sí, porque les he explicado de una forma clara y fácil. Esto quiere decir que ustedes saben mucho más de lo que se imaginan. Con el contenido de esta primera lección, pueden hablar lo que han estado tratando de hablar durante varios años. Hoy pueden decirlo con confianza con solo aprender esta primera lección. *Lo prometido es deuda. Ya pueden hablar inglés.*

Por supuesto, ya se habrán dado cuenta que no hemos hablado de "*He / She / It*". No se preocupen, en las próximas lecciones estaremos hablando de estos pronombres.

Por ahora, necesito que conjuguen cada uno de los verbos que les he dado. Vamos a necesitarlos en la segunda lección. Recuerden, al conjugar los verbos, presten mucha atención cuando hablen de "*He / She / It*". Deberán usar las reglas que aprendieron al inicio formando las palabras en plural; el concepto que les enseñé para formar el plural, es el mismo que se aplica cuando conjugamos un verbo con "*He / She / It*". Presten mucha atención a cada verbo cuando estén conjugando con estos pronombres. No olviden que solo tienen que quitar el "*to*" y colocar los pronombres personales delante del verbo.

Exercises – Ejercicios

Exercise 1.1: Write the plural form – Escribe el plural.

book_____   bike_____

church_____ kiss_____

beer_____ cake_____

dish_____bus_____

boy _____ box_____

potato_____ wife _____

city _____ spy_____

leaf_____ knife_____

Exercise 1.2: Complete the phrase using the plural form. – Complete la frase usando el plural.

The _____ (wife) of two _____

(boy) want some _____ (kiss).

The _____ (boy) eat the _____

(cake) and the _____ (cheese).

They put down the _____ (knife).

No _____ (hug) for the _____ (wife).

Now the _____ (boy) need to wash up the

_____ (dish).

Exercise 1.3: Write sentences using pronouns (I, you, we, they) conjugating the verbs. – Escribe oraciones usando los pronombres (I, you, we, they) conjugando los verbos.

Example:

Dogs + to dance merengue   <u>They   dance merengue.</u>

People on bikes + to work hard

_____.

People in Europe + to drive fast

_____.

Spies and teachers + to work hard

_____.

Spies and teachers + to study people

_____.

Dogs + to sing at night

_____.

Students + to sleep like a baby

_____.

Boys + to eat fast _____.

Fish + to swim fast   _____.

People + to swim slowly _____.

People + to eat fish _____.

***Exercise 1.4: Write sentences conjugating the verbs
– Escribe oraciones conjugando los verbos.***

1- Wives + to talk_____.

2- They + to write emails_____.

3- Teachers + to need sleep_____.

4- Babies + to sleep in church_____.

5- They + to need kisses_____.
6- You and I + to need English

_____ _____.

7- We + to like English books_____.
8- I + to cook meat with potatoes and tomatoes

_____.

9- We + to eat fast_____.

10- You + to wash the dishes_____.

***Exercise 1.5: Write the correct word. – Escribe la
palabra correcta.***

Example: They want _to drive_ the car.
to sing / to cook / to drive

I like _____ in the pool.
to work / to swim / to travel

I want _____ in the park.

to argue / to cook / to fish

I need _____ an English book.
to hug / to read / to drive

Boys like _____ cake.
to eat / to live / to drink

We need _____ English.
to sleep / to speak / to kiss

They want _____ a fish.
to walk / to sing / to cook

Exercise 1.6: Circle the true answers. – Encierra la respuesta correcta.

I like to eat chicken / fish / rice / cheese / cake.

I want to study English / German / Spanish / French.

I kiss babies / dogs / books / my wife.

I sleep like a baby / after work / in the park / in the pool.

I travel in the car / in the bus / in Europe / in a book.

Lesson 2
Do you study English? - ¿Estudias Inglés?

Conversation 1

Salesman: Here you are, Mrs.— What's your name?

Customer: It's Miss—Miss Mason.

Salesman: Pleased to meet you, Miss Mason. Here's the music you want. Do you like music?

Customer: Yes, I do—I listen in the car, at my house.

Salesman: What else do you like to do in your free time?

Customer: Well, I watch television and read.

Salesman: Do you play chess?

Customer: Yes, actually! Do you?

Salesman: No, I don't, but we have a chess book here.

Customer: Oh, uh, no. No, thank you.

Salesman: Do you study English?

Customer: Yes, I do.

Salesman: Do you want a book about English?

Customer: No, thank you. I just want the music.

Salesman: Okay. Have a nice day!

Conversation 2

Waiter: Good evening, Sir, what can I do for

you?

Customer: Do you have coffee?

Waiter: Yes, we do. We have coffee, tea, wine . . .

.

Customer: Excellent. Coffee, please.

[15 minutes later.]

Customer: Waiter?

Waiter: Yes?

Customer: The coffee spilled.

Waiter: That's a shame. Don't worry about it. Here you are, another coffee. Anything else?

Customer: Uh, yes, actually. I forgot my money.

Waiter: That is a shame!

Conversation 3

Child: Mommy?

Mother: Yes?

Child: I want coffee.

Mother: No, Honey.

Child: Mommy?

Mother: Yes?

Child: I want tea.

Mother: No, Honey.

Child: Mommy? Mommy? Mommy!

Mother: What do you want?

Child: Coffee? "No." Tea? "No." Orange juice?

Mother: Okay.

From here the waiter takes the customer into the back of the alley, mugs him and leaves him by the garbage.

Conversation 4:

Boy: Do you like me?
Girl: Yes, I do.
Boy: Do you want to have lunch with me?
Girl: No, I don't.
Boy: Do you really like me?
Girl: Yes, I do, but I like Billy, too. And I want to have lunch with him.

Conversation 5:

Car Salesman: Do you like this car?
Man: Yes, I do.
Car Salesman: Do you want to buy it?
Man: No, I don't.
Car Salesman: Do you really like the car?
Man: Yes, I like the car, but I don't have any money.

New words – Nuevas palabras

Well – bien   Something – algo
Here you are – aquí tiene
Wine - vino
That's a shame – es una pena / lastima.
Don't worry – no se preocupe
An orange juice – un jugo de naranja
Excellent - Excelente
Mr. – Señor   Mrs. – Señora
Miss – Señorita (*también se abrevia como Ms. Recuerden, que Ms. Se usa tanto para mujer como para señorita, protegiendo su estatus marital*)
Chess – ajedrez   Money – dinero
Coffee – café   The beach – la playa

Tea – té   Music – música

Television – televisión (También *se abrevia como TV*).

The movies – cine / películas

Parties – fiestas

What – qué (*se usa para preguntar*)

Then – entonces   Sir – Señor

An apple – una manzana

Actually - de hecho   Just - solo

Okay – ok   Can – poder

To have lunch - almorzar

Really - de veras   This - esto / esta

Phrases and Expressions - Frases y expresiones

I listen - yo escucho

At my house - en mi casa

What else - ¿qué más?

Your free time - tu tiempo libre

To watch television - ver televisión

To play chess - jugar ajedrez

15 minutes later - 15 minutos después

Spilled - se derramó

About it - acerca de eso

Another coffee - otro café

Anything else? - ¿algo más?

I forgot my money - olvidé mi dinero

To buy it - comprarlo

Any money - nada de dinero

Do you like me? - ¿te agrado?

Every day - cada dia

To walk together - caminar juntos

Every morning - cada mañana

Many cities - muchas ciudades

After dinner - despues de cena

Specific source of money - fuente especifica de dinero

Any dog is okay - cualquier perro está bien

One specific type of wine - un tipo de vino especifico

Specific piece or collection - pieza o colección especifica

From here – desde aqui

Back of the alley – parte de atras del callejón

Mugs him – le da con la taza

And leaves him by the garbage – y lo deja en la basura

📖 Grammar – Gramática

Ya somos expertos conjugando una serie de verbos y hablando en inglés. Estoy completamente seguro que han demostrado sus habilidades y ejercido sus nuevos conocimientos hablando inglés con sus familiares, amigos y personas allegadas.

Aún no sabemos cómo hacer preguntas o responder en forma afirmativa o negativa. Les tengo buenas noticias: es tiempo de aprender esas pequeñas cosas que necesitan para seguir creciendo en su aprendizaje del idioma inglés.

Recuerden que decíamos en la primera lección, que solo necesitamos quitar el "To" y entonces agregar los pronombres personales al verbo. Eso lo aprendimos muy bien y sabemos cómo usarlo. Vamos a recapitular.

¿Cómo decimos "Yo quiero estudiar inglés"?

Sabemos que "*To want*" es querer. Sabemos que "*To study*" es estudiar y también sabemos que "*English*" es inglés.

I want   to study English - Yo quiero estudiar inglés.

Recordemos como conjugar el verbo.
To want – querer.
I want - yo quiero
You want – tú quieres / usted quiere
He wants – él quiere
She wants - ella quiere
We want – nosotros queremos
You want – ustedes quieren
They want – ellos / ellas quieren

The auxiliary verb "To do" - El verbo auxiliar "To do".

Vamos a aprender nuestro primer verbo auxiliar, esto es, el verbo que nos permitirá realizar otras acciones o dará sentido a nuestra conversación. *Recuerden que si conjugáramos el verbo "to do" tendríamos (I do, you, do, we, do, they do) y (he does, she does).* Vamos a usar "*To do*" como verbo auxiliar, esto es, auxiliando otros verbos para formar una oración.

Si recordamos la conjugación, tenemos los pronombres "*I, You, We, You, They*" para "*Do*". ¿No es verdad? Excelente.

General rules on how to use "do" as an auxiliary - Reglas generales para usar el "Do" como auxiliar.

Do. Se usa con los pronombres personales "*I, You, We, You, They*" en el presente simple para *preguntas y respuestas cortas afirmativas*. Parafraseando, *preguntar y responder en formas cortas afirmativas.* Veamos.

Do you like to eat? – ¿Te gusta comer?

Para hacer preguntas. Como pueden ver se coloca al inicio de la oración, seguido del pronombre personal.

Yes, I do. – Si, me gusta.

En respuesta corta afirmativa se coloca el "do" después del pronombre personal.

Yes, I like to eat. – Si, me gusta comer.

Como ven en la respuesta larga afirmativa, no se usa el "do". Esto es porque tenemos el pronombre personal *"I"* y el verbo conjugado "*like*", entonces, no necesitamos ningún complemento, porque ya tenemos el verbo conjugado. No lo olviden.

Continuemos viendo otros ejemplos y practicando el uso del auxiliar "Do".

Do you want to eat? ¿Quieres comer?

Yes, I do. – Sí.

Yes, I want to eat. – Sí, yo quiero comer.

Do they need to work? – ¿Necesitan ellos trabajar?

Yes, they do. – Sí.

Yes, they need to work. – Sí, ellos necesitan trabajar.

Do you like to study? – ¿Les gusta a ustedes estudiar?

Yes, we do. – Sí.

Yes, we like to study. – Sí, a nosotros nos gusta estudiar.

Con esta estructura ustedes pueden hacer combinaciones infinitas y hablar de cualquier cosa, haciendo preguntas y respuestas. Veamos un poquito más de esta estructura o patrón.

Do you study English? – ¿Estudias inglés?

Yes, I do. – Sí.

Yes, I study English. – Sí, yo studio inglés.

Do they drink beer? ¿Beben ellas cerveza?

Yes, they do. – Sí.

Yes, they drink beer. – Sí, ellas beben cerveza.

Do you speak English? – ¿Habla usted inglés?

Yes, I do. – Sí.

Yes, I speak English. – Sí, yo hablo inglés.

Don't (Do not): Se usa en respuestas cortas y largas negativas. Como pueden ver la forma normal es "***Do not***", pero en el inglés hablado se usa más la contracción "***Don't***". Se quita la "*o*" del "*not*" y se coloca un apóstrofe.

Do you want to study English with me? – ¿Quieres

estudiar inglés conmigo?
Yes, I do. – Sí.
Yes, I want to study English with you. – Sí, quiero estudiar inglés contigo.

No, I don't. – No.
No, I don't want to study English with you. – No, no quiero estudiar inglés contigo.

Esta es la estructura completa—bastante simple y fácil de usar. Repasemos.
Para preguntar y responder oraciones afirmativas cortas usamos "***Do***".
Para respuestas cortas y largas negativas usamos "***Don't***".
Hemos aprendido dos palabras nuevas "*with me* – conmigo" y "*with you* – contigo".

Ahora vamos a aprender dos adverbios y dos conjunciones que nos ayudarán mucho en nuestro aprendizaje.

Conjunctions - Conjunciones
And *– y:* se usa para unir dos oraciones positivas o negativas.
But *– pero*: se usa para unir una oración positiva y una negativa o viceversa. O siempre que haya contraste en la oración.

Adverbs – Adverbios.
Too *– también*: se usa al final de dos oraciones

afirmativas.

Either – Tampoco: se usa al final de dos oraciones negativas.

I like to cook *and* I like to eat *too*. – Me gusta cocinar *y* me gusta comer *también*.

Sería ilógico decir en español "*me gusta cocinar y me gusta comer tampoco*". No tiene sentido, ¿verdad? Es imperativo usar *también*. Es lo mismo en inglés.

I don't like to work *and* I don't like to study *either*. – No me gusta trabajar *y* no me gusta estudiar *tampoco*. *(either tiene dos formas de pronunciarse, presten atención al audio)*

Sería ilógico decir en español "*no me gusta trabajar y no me gusta estudiar también*". No tiene ningún sentido, ¿verdad? Es imperativo usar *tampoco*. Es lo mismo en inglés.

I like to walk, *but* I don't like to run. – Me gusta caminar, *pero* no me gusta correr.

I like meat, *but* I prefer vegetables – me gusta la carne, pero prefiero vegetales.

Sería ilógico decir en español "*me gusta caminar, pero me gusta correr*". No tiene ningún sentido, ¿verdad? Es imperativo al usar "pero", que la segunda oración sea de contraste. Es lo mismo en inglés. Recuerden que siempre que hay un "pero", algo de contraste viene.

Definite and Indefinite articles - Articulo definido e indefinido.

En español tenemos muchas formas y variantes para los artículos, definidos e indefinidos. Veamos lo fácil que es en inglés.

Definite article - Articulo definido.

En inglés usamos "*The*", que es el único articulo definido, equivalente a todas las versiones en español "el, lo, la, los, las".

Cuando hablamos del articulo definido, nos referimos a algo en específico o que sabemos de qué estamos hablando.

I want the car - quiero el carro. El es el artículo definido, y sabemos que al usarlo nos estamos refiriendo a un carro en específico, no uno cualquiera, más bien uno en particular. Es lo mismo en inglés.

The car – el carro.

The house – la casa.

The cake – el bizcocho.

Como pueden ver no importa si es femenino o masculino, en inglés solo se usa "*The*", aun para el plural. No tienen que romperse la cabeza pensando o analizando qué usar, siempre usarán "*the*".

Indefinite article - Artículo indefinido.

Cuando hablamos del artículo indefinido, nos referimos a cualquier cosa, no hablamos de nada en específico. Decimos "*quiero un carro*", no importa cuál sea; el fin es que queremos un carro, nada en específico. En inglés es lo mismo.

En inglés usamos "A" cuando las palabras

comienzan con consonante y "An" cuando las palabras comienzan con vocal. Veamos.

I want a car – quiero un carro.

I want an ice cream – quiero un helado.

Como "*ice cream*" inicia con vocal, usamos "*an*". Recuerden, "*A / An*" solo se usan en el singular. Y no hace diferencia si es femenino o masculino, solo si la palabra inicia en vocal.

An apple – una manzana

An ice cream – un helado

A car – un carro

A boy – un chico

Si queremos usar el plural, usamos "*Some-algún-alguno*".

Some cars – algunos carros o unos carros

Some boys – algunos chicos o unos chicos.

Vamos a repasar un poco a ver cómo va nuestro aprendizaje.

¿Cómo se dice "qué" en inglés? Acabamos de ver que se dice "*what*", ¿correcto?

Decíamos:

Do you like to eat? – ¿Te gusta comer?

Yes, I do. – Sí.

No, I don't. – No.

Yes, I like to eat – Sí, me gusta comer.

No, I don't like to eat – No, no me gusta comer.

¿Cómo decimos, entonces, "Qué te gusta comer?"
Sencillo, solo tenemos que colocar el "what" al inicio de la oración.
What do you like to eat? - ¿Qué te gusta comer?
I like to eat rice and meat. – Me gusta comer arroz y carne.
I like to eat potatoes, but I don't like to eat fruit. – Me gusta comer papas, pero no me gusta comer fruta.

Todas las palabras y construcciones en esta conversación, ya las hemos aprendido. Esto quiere decir que hemos comprendido bien esta conversación. Felicidades.

Cardinal numbers – Números cardinales

1	one	2	two
3	three	4	four
5	five	6	six
7	seven	8	eight
9	nine	10	ten
11	eleven	12	twelve
13	thirteen	14	fourteen
15	fifteen	16	sixteen
17	seventeen	18	eighteen
19	nineteen	20	twenty
21	twenty-one	22	twenty-two
23	twenty-three	24	twenty-four
25	twenty-five	26	twenty-six
27	twenty-seven	28	twenty-eight
29	twenty-nine	30	thirty
31	thirty-one	40	forty

50	fifty	60	sixty
70	seventy	80	eighty
90	ninety		

100	a/one hundred
200	two hundred
300	three hundred
400 f	our hundred
1,000	a/one thousand
2,000	two thousand
3,000	three thousand
100,000	a/one hundred thousand
200,000	two hundred thousand
1,000,000	a/one million

Asegúrense de aprender bien los números del 1 al 19; después de ahí, siempre usarán los números del 1 al 9. Presten atención a la pronunciación nativa en el Audio.

Exercises – Ejercicios

Exercise 2.1: Write *either, some,* **or** *too – Escribe "either, some, o too".*
    Example: "I rest after church." "I do, _too_.

"I don't like TV." "I don't like it (1)_____."

"I need (2)_____ coffee." "I need some (3)_____."
"It's nice to meet you." "It's nice to meet you,

(4)_____"

"I don't swim." "I don't (5)_____."

"Do you want (6)_____ wine?" "No, thank you."

"And you?" "I don't want wine (7)_____."

"I don't want to go to the party." "I don't want to go

(8)_____."

"I like to drink (9)_____ orange juice in the

morning."

"Do you study English?" "Yes, I do." "And you?"

Yes, I do, (10)_____."

Exercise 2.2: Write *and* or *but* – Escribe "and o but"
Example: I like coffee, _and_ I like tea.

I like coffee, (1)_____ I don't want coffee now.

I sleep during the day, (2)_____ I work at night.

They swim every day, (3)_____ they walk

together at night.

Every morning, she hugs her cat, (4)_____

she kisses her dog.

I don't speak English, (5)_____ I want to.

They drive to many cities, (6)_____ they don't travel by plane.

He drinks, (7)_____ he drives, (8)_____ he doesn't drink and drive.

-We like to talk, (9)_____ we don't like to argue.

We cook together, (10)_____ we drink some wine after dinner.

Exercise 2.3: Match the sentence with the explanation – Combina la oración con su explicación.
Example:
I need the money. ～～～～～ Any money is okay.

I need some money.   You have a specific source of money.

I want to buy a dog.   It's a specific dog.
I want to buy the dog.   Any dog is okay.

I like to read a book at night.   Any book is okay.
I like to read the book at night. I read a specific book.

I need to talk to a teacher.   I need my teacher.

I need to talk to the teacher.   Any   teacher   is okay.

I like to drink the wine at night.   I   drink   one specific type of wine.

I like to drink some wine at night.   Any   wine   is okay.

I like music.   It's a specific piece or collection.

I like the music.   Any music is okay.

I want to rest at the beach.   It's a specific beach.

I want to rest at a beach. Any beach is okay.

Lesson 3
Does she speak English? – ¿Habla ella inglés?

Conversation 1

Taxi driver: Where to, sir?

Customer: Well, I want to find Gus.

Taxi driver: Where do you want to go?

Customer: I don't know. He has his guitar with him.

Taxi driver: Does he have a girlfriend?

Customer: No, he doesn't.

Taxi driver: Does he like parties?

Customer: No, he doesn't.

Taxi driver: Does he play the guitar in the park?

Customer: I don't know. He needs money.

Taxi driver: Well, do you want to go to the park?

Customer: Okay.

Conversation 2

Host: Ladies and gentlemen, welcome to the Culture Game! To answer a question, just push the button! Okay. Let's start the game. What do Americans eat for Thanksgiving dinner?

Janeth: Um, turkey?

Host: That's right! They eat turkey. Next

question: What is a *rondalla*?

Julie: Men play their guitars and sing together.

Host: Excellent! And when do people in the US eat sandwiches?

Janeth: They eat sandwiches for lunch.

Host: That's right! Janeth goes to Hawaii!

Janeth: Yay!

Mini – conversation 1

Salem: We need to buy a car.

Paola: Really? My mom sells cars.

Salem: Oh. Good idea. Um, does she speak English? I have a lot of questions.

Paola: Yes, she does. She has the answers for your questions!

Salem: Great! Well, I have to go home now. I need to find something to eat. Thanks!

Paola: You're welcome!

Mini – conversation 2

Student A: I need something to eat.

Student B: I have some chicken.

Student A: Yummy! Good idea!

Student B: Uh, do you want some?

Student A: Yes, I do! Mmm. It's delicious!

Student B: I am glad you like it.

New words – Nuevas palabras

Newspaper – periódico

Letter – carta

Guitar – guitarra
Cards – cartas (juego de cartas)
Soccer – fútbol americano (de pie)
Gentleman – caballero
Gentlemen – caballeros
Lady - dama
Ladies – damas
Man – hombre
Men – hombres
Woman – mujer
Women – mujeres
Ma'am – señora
Sugar – azúcar
Milk – leche
Turkey – pavo
Butter – mantequilla
Beef – carne de res
Lamb – cordero
Cookies – galletas / galleticas
Soup – sopa, caldo
Dessert – postre
Salad – ensalada
Hot dogs – perro caliente / salchicha
Hamburgers – hamburguesa
Sandwich – sándwich
*How much – cuanto (para cosas incontables)
*How many – cuantos (para cosas contables)
*What for? - ¿Para qué? (se usa para hacer preguntas)
*For – por / para
Delicious – delicioso
Dad – papi

Mom – mami
Taxi driver – taxista
*Where? - ¿Dónde?
*Who? - ¿Quién?
*To – a / hacia

Presten atención especial al plural irregular de las palabras mencionadas.

Recuerden, siempre que cualquier palabra termina con "**man – hombre**" el plural será "**men - hombres**". Lo mismo sucede con "**woman – mujer**": el plural será "**women – mujeres**". Es súper importante aprender la pronunciación del plural de "**woman**": cambia mucho. Deben aprenderlo de memoria y nunca olvidarlo.

Phrases and expressions – Frases y expresiones

Something to drink – algo para beber / algo de beber.

Something to eat – algo para comer / algo de comer.

I am glad you like it – estoy contento que le guste.

Pardon? – ¿perdón?

Good idea – buena idea.

To find Gus - encontrar a Gus.

Welcome to the Culture Game - Bienvenidos a los Juegos Culturales.

Just push the button! - solo presiona el botón.

Let's start the game - comencemos el juego.

Thanksgiving dinner - cena de acción de gracias.

That's right! - eso es correcto.

Next question - próxima pregunta.

Janeth goes to Hawaii! - Janeth va a Hawaii.

My mom sells cars - Mi madre venda autos.

I have a lot of questions - tengo muchas preguntas.

Yummy! – delicioso.

Fill in – llenar.

A pound and a half - una libra y media.

Two slices - dos rodajas / dos pedazos.

One bag - una bolsa / una funda / un saco.

A gallon - un galón.

One stick - una barra.

Grammar – Gramática

Como ya sabemos el uso del "*Do*" como auxiliar y con los pronombres que se usa, ahora vamos a practicar el "*Does*", el cual se usa con "*He / She / It*". Esto es obvio, porque si recordamos la conjugación, sería "*He does, she does, it does*". ¿Correcto? De modo que es lógico suponer que es imperativo usar "does" con "*He / She / It*".

Se usa de la misma forma que el "do", lo único es que con "He / She / It" tenemos que seguir la reglas del plural que aprendimos al inicio, cuando usamos estos pronombres, debido a que la terminación del verbo les dirá si tienen que agregarle "S" o "ES" a la conjugación.

Does: Se usa para preguntar y responder oraciones cortas afirmativas en el presente simple con los pronombres personales "*He / She / It*".

Does he like to eat? – ¿Le gusta a él comer?

Yes, he does. – Sí.

Yes, he like*s* to eat. – Sí, a él le gusta comer.

Repasemos lo que hemos visto en estas tres frases.
Pregunta: Does al inicio de la oración.
Does he like to eat?
Respuesta corta afirmativa: Does al final de la oración.
Yes, he **does.**
Respuesta larga afirmativa: aquí es donde está la parte engañosa. Deben colocar la terminación "S" o "ES", dependiendo como termine el verbo.
Yes, he like*s* to eat.

Como pueden ver, "***Does***" está en la pregunta y la respuesta corta afirmativa. *Presten mucha atención a la respuesta larga afirmativa.* Como vemos, aquí es donde tenemos que aplicar las reglas del plural para poder conjugar correctamente. Siempre que después del pronombre personal haya un verbo, el mismo deberá estar conjugado. Por esta razón, en la respuesta larga afirmativa, colócale "*S*" o "*ES*" al verbo conjugado. Vamos a practicar este tan importante concepto. Recuerden, esta es la única diferencia en inglés, y es imperativo que dominemos el concepto a la perfección; de lo contrario sería como si dijéramos en español "*ella comes manzana*". Qué horrible se escucha esa oración, ¿*verdad?* Si queremos hablar correctamente, tenemos que prestar atención a este concepto.

Does she speak English? – ¿Habla ella inglés?

Yes, she *does*. – Sí.

Yes, she *speaks* English. – Sí, ella habla inglés.

Does he want to work? - *¿quiere él trabajar?*

Yes, he *does*. – Sí.

Yes, he *wants* to work. – Sí, él quiere trabajar.

Does Tiffany need to study? - *¿necesita Tiffany estudiar?*

Yes, she *does*. – Sí.

Yes, she *needs* to study. – Sí, ella necesita estudiar.

What *does* Ruth want to eat? - *¿qué quiere Ruth comer?*

She *wants* to eat pizza. – Ella quiere comer pizza.

Doesn't (Does not): Se usa en respuestas negativas cortas y largas con los pronombres personales "*He / She / It*".

Does he like to sleep? - *¿le gusta a ella dormir?*

No, he *doesn't*. – No.

No, he *doesn't* like to sleep. – No, a ella no le gusta dormir.

Como podemos ver, es el mismo uso que el "*don't*", lo único que el "*doesn't*" se usa los pronombres correspondientes a la conjugación.

Grammar summary – Resumen gramatical.

I want to sing a song – yo quiero cantar una canción.

You want to sing a song – tú quieres cantar una canción o usted quiere cantar una canción.

He *wants* to sing a song – él quiere cantar una canción.

She *wants* to sing a song – ella quiere cantar una canción.

We want to sing a song – nosotros queremos cantar una canción.

You want to sing a song – ustedes quieren cantar una canción.

They want to sing a song – ellos(as) quieren cantar una canción.

Ask and answer – Preguntar y responder.

Do you want to sing a song? - *¿quieres cantar una canción?*
Yes, I do. – Sí.
Yes, I want to sing a song. – Sí, quiero cantar una canción.

No, I don't. – No.
No, I don't want to sing a song. – No, no quiero cantar una canción.

What do you want to study then? - ¿qué quieres estudiar entonces?

I want to study German and French. – quiero estudiar alemán y francés.

Does she want to sing a song? - *¿quiere ella cantar una canción?*

Yes, she does. – Sí.

Yes, she **wants** to sing a song. – Sí, ella quiere cantar una canción.

No, she doesn't. – No.

No, she doesn't want to sing a song. – No, ella no quiere cantar una canción.

What does she want to cook then? - ¿qué quiere ella cocinar entonces?

She **wants** to cook rice and meat. – ella quiere cocinar arroz y carne.

Affirmative and negative statements – Declaraciones afirmativas y negativas.

I want to drive **and** I want to travel **too**. – quiero conducir y quiero viajar también.

I don't want to write **and** I don't want to read **either**. – No quiero escribir y no quiero leer tampoco.

I want to walk, **but** I don't want to run. – quiero caminar, pero no quiero correr.

She **likes** to cook **and** she **likes** to eat **too**. – A ella le gusta cocinar y le gusta comer también.

She doesn't like to hug **and** she doesn't like to kiss **either.** – A ella no le gusta abrazar y no le gusta besar tampoco.

She **likes** to talk, **but** she doesn't like to argue. – a ella le gusta hablar, pero no le gusta discutir.

We need the money – Necesitamos el dinero.
They need a car – ellos necesitan un carro.

List of new verbs – Listado de nuevos verbos

To answer a question – responder una pregunta.

To ask a question – hacer una pregunta. *(To ask significa pedir o preguntar).*

To buy a car – comprar un carro.

To do the homework – hacer la tarea.

To go home – ir a casa *(hogar).*

To hate injustice – odiar la injusticia.

To listen to the radio – escuchar la radio.

To play golf – jugar golf.

To play the piano – tocar el piano.

To prefer something – preferir algo.

To start the game – comenzar el juego.

To watch the game – mirar el juego.

Asegurense de estudiar bien esta corta lista de verbos. Recuerden que siempre se dice *"To listen to".*

I listen to music – yo escucho música.

You listen to the radio – usted escucha la radio.

To play significa tanto jugar como tocar cualquier

tipo de instrumento musical.

I want to play the piano – quiero tocar el piano.

We want to play tennis – queremos jugar tenis.

🖊 Remarks - Notas

How much / How many – Cuántos

Es importante que aprendamos a usar estas dos palabras, las cuales significan lo mismo en español, pero en inglés tienen diferente uso.

How much: Se usa para cosas infinitas o incontables. Siempre se usa con el dinero.

How much money do you need? ¿Cuánto dinero necesitas?

I need one hundred dollars – necesito cien dólares.

Aunque puedes contar el dinero, pero el mismo es infinito.

How much sugar do you need? ¿Cuánta azúcar necesitas?

I need two teaspoons – necesito dos cucharaditas.

Puedes contar las cucharaditas de azúcar, pero no el azúcar.

How many: Se usa para cosas que se pueden contar.

How many apples do you want? - ¿cuántas manzanas quieres?

I want two apples – quiero dos manzanas.

Importante, cuando nos referimos a la moneda,

*usamos **how many**. Solo cuando nos referimos a la moneda.*

How many pesos do you need? - ¿cuántos pesos necesitas?

How many dollars do you want? - ¿cuántos dólares quieres?

Noten la diferencia y no se confundan. Para dinero y cosas infinitas usamos **how much;** en cambio para referirnos a la moneda de un país y para cosas contables usamos **how many**.

Where? - ¿Dónde?

Where do you want to eat tonight? ¿Dónde quieres comer esta noche?

I want to eat in a restaurant – quiero comer en un restaurante.

Who? - ¿Quién?

Who want**s** to eat? - ¿quién quiere comer?

Who like**s** cake? - ¿A quién le gusta el bizcocho?

I do. – A mí.

Siempre recuerden que cuando usan "who", el verbo siguiente debe estar conjugado como si fuera para "He / She", esto es, con "**S**" o "**ES**". Esto es porque estamos preguntando en un grupo, a nadie en específico, esto es, a una tercera persona y alguien va a contestar la pregunta.

For – Por / para

Necesitamos prestar mucha atención a esta

preposición.

We need money – necesitamos dinero.

What for? - ¿para qué?

For a car – para un carro.

We want a guitar – queremos una guitarra.

What for? - ¿para qué?

To play the guitar– para tocar la guitarra.

Esto es muy importante, aunque en español usamos un verbo en infinitivo después de "*para*", en inglés es diferente. *NUNCA* se usa "*for*", simplemente se usa el verbo en infinitivo y esto expresa la idea del español "para". Veamos.

I need a bike – necesito una bicicleta.

What for? - ¿para qué?

To ride it – para montarla.

I need food to eat it – necesita comida para comerla.

We want a beer to drink it – queremos una cerveza para beberla.

To go – Ir

Vamos a dedicar una sección al verbo "to go". Prestemos mucha atención en cómo se usa. Vamos a conjugarlo primero.

I go – yo voy

You go – tú vas / usted va

He goes – él va

She goes – ella va
We go – nosotros vamos
You go – ustedes van
They go – ellos / ellas van

Aprendimos hace poco que "*to – a / hacia*" significa en dirección a, el cual se usa en combinación con el verbo "*to go*". Les daré una lista de lugares que deben aprender de memoria. El uso no tiene mucha explicación: simplemente con unos se usa el *"to"* con otros se usa "*to the*" y con otros no se usa.

We go downtown – vamos al centro de la ciudad. *(No se usa nada delante de downtown).*

She goes home – ella va a casa (hogar). *(No se usa nada delante de home).*

They go to school – ellos van a la escuela. *(Siempre se dice to school).*
You go to the post office – usted va al correo postal. *(Siempre se dice to the post office).*

We want to go to the park – queremos ir al parque. *(Siempre se dice to the park).*

He goes to the hospital – él va al hospital. *(Siempre se dice to the hospital).*
I need to go to the bank – necesito ir al banco. *(Siempre se dice to the bank).*

We prefer to go to the restaurant – preferimos ir al restaurante. *(Siempre se dice to the restaurant).*

I don't want to go to the police station – no quiero ir a la estación de policía. *(Siempre se dice to the police station)*.

Pedro and Maria want to go to the nightclub – Ellos quieren ir al club nocturno. *(Siempre se dice to the nightclub)*.

I need to go to the hotel – necesito ir al hotel. *(Siempre se dice to the hotel)*.

You go to the train station – ustedes van a la estación de tren. *(Siempre se dice to the train station)*.

We go to the airport – vamos al aeropuerto. *(Siempre se dice to the airport)*.

He doesn't want to go to the office – él no quiere ir a la oficina. *(Siempre se dice to the office)*.

They need to go to the bus station – ellas necesitan ir la estación de autobús. *(Siempre se dice to the bus station)*.

Where do you want to go to? - ¿A dónde quieres ir?

I want to go home – quiero ir a casa.

También puede ver *"Where to?"* ¿A dónde? en su forma contracción.

Where to Sir? - ¿A dónde señor?

To the airport – al aeropuerto.

To have – tener

Vamos a ver nuestro primer verbo irregular en inglés.

I have   - yo tengo
You have   - tú tienes / usted tiene
He has   - *él tiene*
She has   - *ella tiene*
It has   - *él o ella tiene (animal o cosa)*
We have   - nosotros tenemos
You have   - ustedes tienen
They have - ellos / ellas tienen

Como podrán ver solo es irregular en las voces para "*He / She / It*".

I have a car – tengo un carro.

She has a guitar – ella tiene una guitarra.

We have money – tenemos dinero.

He *doesn't have* money – él no tiene dinero.

Recuerden, que cuando estamos hablando en negativo, no usamos la conjugación "*has*", solamente en oraciones afirmativas. No lo olviden.

She has a dog – ella tiene un perro

She *doesn't have* a dog – ella no tiene un perro

He has a cat – él tiene un gato

He *doesn't have* a cat – él no tiene un gato.

Practiquemos lo que hemos aprendido en estas tres lecciones antes de continuar con la próxima lección.

Exercises – Ejercicios

Exercise 3.1:   Fill in with "How much?" or

"How many?" – Llena con **"How much"** o **"How many"**.

Example: "I need some hamburgers." "How many?" Five.

"I need some chicken." "_____?" "A pound and a half."

"I need some cake." "_____?" "Two slices."

"I need some cookies." "_____?" "Two."

"I need some coffee." "_____?" One bag.

"I need some hot dogs." "_____?" "Three."

"I need some sugar." "_____?" "Two bags."

"I need some milk." "_____?" "A gallon."

"I need some beef." "_____?" "Half a pound."

"I need some butter." "_____?" "One stick."

"I need some potatoes." "_____?" "Just one."

Exercise 3.2: Write *who, what,* or *where.* – Escribe "who, what o where"

Example: "Where do you want to go after work?" "To the pool."

"_____ do you want to go?" "To the park."

"_____ do you want to eat?" "Lamb and potatoes!"

"_____ do you play golf with?" "My dad."

"_____ do you study English?" "In New York."

"_____ do you study English with?" "My wife."

"_____ do you like to watch the game?" "At home."

"_____ do you want for dessert?" "Cookies."

"_____ do you like to drink with cookies?" "Coffee."

"_____ do you go to church with?" "My mom."

"_____ do you do your homework?" "In the park."

Exercise 3.3: Conjugate the verbs – Conjugar el verbo.

Mom _____ (kiss) Dad every night.

I _____ (eat) ice cream after work.

You _____ (hate) injustice, don't you?

My father _____ (drive) fast.

The game _____ (start) in five minutes.

Women _____ (like) to talk.

I _____ (like) sugar with my coffee.

The sandwich _____ (need) some cheese.

The teachers _____ (prefer) to go home.

_____ (do) you like to play the piano?

* Lesson 4
Review Lesson – Lección de repaso

Con la lección tres concluimos el tiempo gramatical del presente simple. Vamos a dedicar esta lección cuatro a repasar lo ya aprendido y a trabajar en algunos ejercicios para ejercitar nuestras habilidades. Recuerden, no pasen a la próxima lección si no están 100% seguros de dominar las primeras tres lecciones, las cuales son la base y esencia de todo el aprendizaje.

Haga 5 preguntas usando el modelo presentado más abajo, con la lista de verbos. En sus respuestas, favor de usar afirmativo y negativo en su forma corta y larga.
Do you like to work?
Yes, I do.
Yes, I like to work.
No, I don't.
No, I don't like to work.

Verbos: To study, to swim, to travel, to sleep, to write.

Haga 5 preguntas usando el modelo presentado más abajo, con la lista de verbos. En sus respuestas, favor de usar afirmativo y negativo en su forma corta

y larga.

Does he want to cook?

Yes, he does.

Yes, he wants to cook.

No, he doesn't.

No, he doesn't like to cook.

Verbos: To read, to argue, to kiss, to hug, to walk.

Haga tres oraciones usando "and" y "too".

I like to cook, and I like to eat too.

Haga tres oraciones usando "and" y "either".

I don't like to cook, and I don't like to eat either.

Haga 5 oraciones usando "but".

I like to eat, but I don't like to cook.

Escriba un corto dialogo expresando qué le gusta comer y qué no le gusta comer.

Escriba un corto dialogo expresando lo que necesita y lo que prefiere.

Traduzca el siguiente párrafo al español.

Good morning, Dad. I want to talk to you today. I need money. What for? For a car and I want to go to college, but right now I prefer to go downtown.

Excuse me, Sir. Do you want something to drink? Yes, please. I want an orange juice. And do you want something to eat? No, thanks.

Traduzca al inglés el siguiente texto.

Buenos días, mamá. ¿Qué quieres cocinar hoy? Hoy quiero cocinar arroz con carne, pero no tengo frutas. ¿Quieres tú comer frutas? No, mamá. No me gustan las frutas, pero me gusta el vino. Quiero beber vino con la comida. Buena idea.

Traducir las siguientes frases al inglés.

Hola Papá, necesito 2500 dólares para comprar un carro.

María quiere comprar una bicicleta, pero no tiene dinero.

¿Cuántos dólares tienes?

Necesito una bicicleta, pero prefiero un carro.

Answer the questions about your preferences. – Responde las preguntas con tu preferencia.

Example: Do you prefer to listen to music or play the piano? Play the piano.

Do you prefer to cook or wash the dishes?

Do you prefer to listen to music or read?

Do you prefer to fish or swim?

Do you prefer to talk or dance?

Do you prefer to run or walk?

Do you prefer to work or study?

Do you prefer to watch golf or play golf?

Do you prefer to do your homework or listen to the radio?

Do you prefer to ask a question or answer a question?

Do you prefer to sleep like a baby or like a mom?

12. Complete the conversation using the correct phrase. – Completa la conversación usando la frase correcta.

Here you are.   That's a shame.   Don't worry.

It's nice to meet you.   I'm glad you like it. Good idea.

"Dad, I want to buy a car, but I don't have any money."

"_____"

"This chicken is delicious!"

"_____"

"Hi. My name is Emily." "_____"
"Oh, no. I want to cook for you, but I don't have any fruit or meat."

"_____"
"I want some coffee, please."

"_____"
"I need some money. I want to work.

"_____"

13: Write the pronoun – Escribe el pronombre (I, you, he, she, it, we, they).

My mom likes wine. _____ drinks it at night.

My name is Ronnie. _____ teach piano.

What is your name? Where do _____ work?

My mom and dad don't like to rest.

_____prefer to work.

Dad and I play a lot of games, but _____ don't

play chess.

Lesson 5
Who are you? - ¿Quién eres?

Conversation 1

Mac: My car doesn't work.

Joe: well...

Mac: It is here at the garage. Do you want to see it?

Joe: No, I don't.

Mac: But I need it.

Joe: Really?

Mac: Who are you?

Joe: I'm Joe.

Mac: Are you the mechanic?

Joe: No, I'm a bus driver. My bus doesn't work.

Conversation 2

Anthony: What does your brother do?

Bart: Hmmm, uh—he visits people.

Anthony: Is he a pastor?

Bart: No, he drives a car.

Anthony: Is he a doctor?

Bart: No, he works in an office.

Anthony: Oh, is he a salesman?

Bart: No, he works for the government.

Anthony: Is he a police officer?

Bart: No, he—

Anthony: He drives a car, and works in an office. But he also visits people and works for the government. Hmmm, is he a mailman?

Bart: Yes!

Conversation 3

Jessica: I want to buy some furniture, but I have money for just one thing.

Shaun: What do you need?

Jessica: Well, a need a couch, a dresser, a bed, and a lamp.

Shaun: Wow, Jessica, don't you have a bed?

Jessica: Yes, I do. I need it for the guest room.

Shaun: What do you need the dresser for?

Jessica: Well, my things are in boxes.

Shaun: Oh. And the couch?

Jessica: I have a couch upstairs, but I want one downstairs, too.

Shaun: Okay. And do you really need a lamp?

Jessica: Mmm, I want it for my bedroom. I don't need it, I guess.

Shaun: You need the dresser for your things.

Jessica: Yeah. You're right. It's just what I need.

New words – Nuevas palabras

Actor - actor

Actress - actriz

Bus driver - chofer de autobús

Businessman - hombre de negocios

Businesswoman - mujer de negocios

Cook - cocinero

Dentist - dentista
Department store - tienda por departamentos
Doctor - doctor
Flight attendant - azafata
Garage - garaje / taller
Hotel - hotel
Housewife - ama de casa
Mailman - cartero
Mechanic - mecánico
Nightclub - club nocturno
Office - oficina
Pastor - pastor
Pharmacist - farmacéutico
Pilot - piloto
Plane - avión
Police officer - oficial de policía
Police station - estación de policía
Porter - portero
Post office - oficina postal / correo
Salesman - vendedor
Saleswoman - vendedora
School - escuela / colegio
Secretary - secretaria
Singer - cantante
Soccer player - futbolista
Theater - teatro
Waiter - camarero
Waitress - camarera
Broom – escoba
Butterfly – mariposa
Job – trabajo
Drugstore – farmacia

Stadium – estadio
Apartment – apartamento / departamento
Bathroom – sala de baño
Bed – cama
Bedroom – cuarto / dormitorio
Closet – closet
Couch – sofá
Curtain – cortina
Dining room – comedor
Door – puerta
Dresser – gavetero / cómoda
Fence – cerca / valla
Gate – portón
Lamp – lámpara
Living room – sala de estar
Mirror – espejo
Picture – cuadro / foto
Refrigerator / fridge – refrigerador / nevera
Rent – renta
Room - habitación
Rug – alfombra
Shelf – estante
Sink – lavamanos
Stairs – escaleras
Stove – estufa
Street – calle
Toilet – inodoro
Tree – árbol
Wall – pared
Window – ventana
Upstairs – Planta de arriba / último piso
Downstairs – planta baja / primer piso

Phrases and expressions – Frases y expresiones

What do you do? - ¿Qué haces? / ¿A qué te dedicas? *(en cuanto a trabajo se refiere)*.

What do you want to be? - ¿Qué quieres ser?

How nice – que agradable / que bien.

What do they do? – ¿Qué hacen ellos? *(en cuanto a trabajo)*.

I'm afraid (not) – Me temo *(que no)*.

It's just what I need – Es justo lo que necesito.

Of course – por supuesto.

He visits people - él visita personas.

He works for the government - él trabaja para el gobierno.

He also visits people - él también visita personas.

The guest room - el cuarto de huésped.

My things are in boxes - mis cosas están en cajas.

You're right - tienes razón.

I guess – supongo.

Estudien muy bien cada una de las nuevas palabras, el nuevo vocabulario de esta lección antes de continuar. El éxito depende de esto.

Grammar – Gramática

Vamos a trabajar con el verbo "*to be*". Como ya dominamos bien el contenido de las pasadas tres lecciones, ahora nos concentraremos en el avance de nuestros estudios. En español tenemos los verbos "*ser y estar*", ambos con usos diferentes. Decimos, "yo estoy aquí" o "yo soy Pedro". Les sorprenderá saber que en inglés se usa un solo verbo para ambos.

To be – Ser o Estar.

I'm (I + am) – yo soy o estoy
You're (You + are) – tu eres o estás / usted es o está
He's (He + is) – él es o está
She's (She + is) – ella es o está
It's (It + is) – él o ella (animal o casa) es o está
We're (We + are) – nosotros somos o estamos
You're (You + are) – ustedes son o están
They're (They + are) – ellos / ellas son o están

Para la forma de contracción, solo quitamos la "*a*" en *Are* o la "*i*" en *is* y le agregamos un apóstrofe. Ambas formas son usadas; ya dependerá del estilo de la persona hablando. Es imperativo aprender ambas formas. Vamos a practicar un poco antes de ver las versiones para preguntar y responder del verbo "*to be*".

I am an *actor,* and I work in a *theater.* –Yo soy un actor y trabajo en un teatro.

You are a *doctor,* and you work at a hospital. – Usted es un doctor y trabaja en un hospital.

He is a *pilot,* and he flies a *plane.* – Él es un piloto y vuela un avión.

She is a *singer,* and she works in a nightclub. – Ella es una cantante y trabaja en un club nocturno.

We are teachers, and we work at a school. – Somos profesores y trabajamos en una escuela.

You are secretaries, and you work in an office. – Ustedes son secretarias y trabajan en una oficina.

They are porters, and they work at a hotel. – Ellos son porteros y trabajan en un hotel.

Sandra is an actress, and she works in a theater, too. – Sandra es una actriz y trabaja en un teatro también.

Peter is a police officer, and he works at the *police station.* – Peter es un oficial de policia y trabaja en la estación de policia.

Lenin and Melvin are mechanics, and they work in a *garage.* – Lenin y Melvin son mecanicos y trabajan en un taller.

Ruth is a housewife, and she works at home. – Ruth es una ama de casa y trabaja en la casa.

Hector is a salesman, and Silvia is a *saleswoman*; they work in a *department store*. – Héctor es un vendedor y Silvia es una vendedora; ellos trabajan en una tienda por departamentos.

Larry is a mailman, and he works at the *post office.* – Larry es un cartero y trabaja en la oficina postal.

Leris is a *flight attendant,* and she works on a *plane.* – Leris es una azafata y trabaja en un avión.

Nelson is a *taxi driver,* and he drives a taxi. – Nelson es un taxista y conduce un taxi.

Sarah is a *bus driver;* she drives a bus. – Sara es un conductor de autobús; ella conduce un autobús.

Rudy is a *businessman,* and *Alba is* a *businesswoman*; *they are* business people, and they are at the office. – Rudy es un hombre de negocios y Alba es una mujer de negocios, ellos son personas de negocios y están en la oficina.

Theo is a *dentist,* and he works at the office. – Theo es dentista y trabaja en la oficina.

Louis is a *waiter,* and *Nelly is* a *waitress*; they work at a restaurant. – Louis es camarero y Nelly es camarera, ellos trabajan en un restaurante.

Tenemos mucha información nueva que estudiar y aprender. Asegúrense de repasar y aprender cada palabra nueva y las profesiones.

Ya dominamos la forma de contracción y la forma normal del verbo "to be" en afirmativo. Veamos la forma negativa y la forma para preguntas.

Ask and answer – Preguntar y responder.

En español decimos ¿*Eres tú doctor*? Colocamos el

verbo "*ser*" y después el pronombre personal. Ésta es la forma correcta. Bueno, se sorprenderán en saber qué es lo mismo en inglés; no tienen que pensar mucho. La estructura es la misma. Veamos.

Am I a doctor? – *¿Soy yo doctor?*

Are you a doctor? - *¿*Eres tú *doctor?*

Is he a doctor? - *¿*Es él *doctor?*

Is she a doctor? - *¿*Es ella *doctor?*

Is it a donkey? - *¿*Es él (ella) un burro*?*

Are we doctors? – *¿*Somos nosotros *doctores?*

Are you doctors? - *¿*Son ustedes *doctores?*

Are they doctors? - *¿*Son ellos (ellas) *doctores?*

Are you a dentist? - *¿*Eres dentista*?*

Yes, I am. – Sí, lo soy.

Yes, I am a dentist. – Sí, soy dentista.

Is he a doctor? – *¿*Es él doctor?

Yes, he is. – Sí, lo es.

Yes, he is a doctor. – Sí, él es doctor.

Is she a cook? - *¿*Es ella cocinera?

Yes, she is. – Sí, lo es.

Yes, she is a cook. – Sí, ella es cocinera.

Who are you? - *¿*Quién eres?

I am the teacher – Soy el profesor.

I am not the pastor; I am the teacher – No soy el pastor, soy el profesor.

Prestar atención que con la forma interrogativa, nunca se usa la forma de contracción. Siempre se usará la forma completa.

Negative answers – Respuestas negativas

I'm not (am + not) – yo no soy o no estoy

You aren't (are + not) – tú no eres o no estás / usted no es o no está

He isn't (is + not) – él no es o no está

She isn't (is + not) – ella no es o no está

It isn't (is + not) – él (ella) no es o no está

We aren't (are + not) – nosotros no somos o no estamos

You aren't (are + not) – ustedes no son o no están

They aren't (are + not) – ellos / ellas no son o no están

Como pueden ver, existe la forma de contracción y la forma normal; solo recuerden que en la forma negativa la contracción se efectúa en la negación, esto es, con el "not". Se substituye la "o" del "not" por un apóstrofe y tenemos la forma de contracción. Presten mucha atención a la pronunciación. Es de suma importancia que usen el audio para asegurar una pronunciación perfecta. Veamos la estructura completa.

Are you a soccer player? - ¿es usted futbolista?

Yes, *I am*. – Sí, lo soy.

Yes, *I am* a soccer player. – Sí, yo soy futbolista.

No, *I am not*. – No, no lo soy.

No, *I am not* a soccer player. – No, yo no soy futbolista.

Are you a pharmacist? - ¿Son ustedes farmacéuticos?

Yes, *we are*. – Sí, lo somos.

Yes, *we are* pharmacists. – Sí, somos farmacéuticos.

No, *we are not* (no, *we aren't*). – No, no lo somos.

No, *we are not* pharmacists (no, *we aren't* pharmacists). – No, no somos farmacéuticos.

La forma de contracción en oraciones afirmativas, solo se usará en respuestas largas. Cuando usamos el negativo, se puede usar la forma de contracción tanto en la respuesta corta como larga.

Is it good? - ¿Es esto bueno?

Yes, *it is*. – Sí, lo es.

Yes, *it is* good. – Sí, esto es bueno.

No, *it is not* (*it isn't*). – No, no lo es.

No, *it is not* good (*it isn't*). – No, esto no es bueno.

✒ Exercises – Ejercicios

Exercise 5.1: Write the profession using the verb to be. – *Escribe las profesiones usando el verbo "to be"*

Example: Jerry works in a hospital. He __is a__

doctor.

Marge answers the telephone in an office. She

_____.

Max works with cars at a garage. He

_____.

Sally works at home. She cooks and washes the

dishes. She _____.

Ralph works at a department store. He

_____.

Paul works at a church. He _____.

Jill sells medicine at a pharmacy. She

_____.

Mark works on an airplane. He isn't a flight

attendant. He _____.

Roseanne works at a theater. She

_____.

Ken drives a car. He _____.

Walter works at a police station. He's not a

secretary. He _____.

Exercise 5.2: Answer with short answers – Contesta en respuesta corta.
Example: Are we English students? _Yes, we are._
Is   the   couch   in   the   living   room?

_____.

Are the pictures in the sink? _____.

Is the toilet in the street? _____.

Is   the   orange   juice   in   the   refrigerator?

_____.

Is the tree in the bathroom? _____.

Is the car upstairs? _____.

Are   the   books   in   the   refrigerator?

_____.

Are   the   pictures   in   the   closet?

_____.

Is   the   dresser   in   the   bedroom?

_____.

Are the shelves on the wall? _____.

Lesson 6
Can I come in? - ¿Puedo entrar?

Conversation 1

Mary: [**knock, knock**] Hello?

John: Hi.

Mary: Are you there?

John: Yes. Who is it?

Mary: It's Mary.

John: [**no answer**]

Mary: I'm Mary . . . your sister.

John: Oh.

Mary: Can I come in?

John: Oh, uh, okay.

Mary: Where are you?

John: I'm behind the couch.

Mary: I don't see you.

John: I'm on the floor.

Mary: You're on the floor?

John: With the dog.

Mary: Did you buy a dog? Awwww. What's his name?

John: Her name is . . . Mary.

Mary: Mary!

Conversation 2

Mary: So, what does your dog do?

John: She can ask for food.

Mary: All dogs ask for food.
John: She sits in the window.
Mary: Okay.
John: You can see her outside. People don't walk near the house.
Mary: Really? Nice.
John: And she sings.
Mary: She sings?
John: Yes. She listens to the radio and sings.
Mary: What music does she sing?
John: Any music.
Mary: Excellent. We can sell—
John: We? She's my dog.
Mary: Uh, yes. But I can make videos.

New words – Nuevas palabras
Beautiful - lindo / hermoso
Brother -   hermano
Chair - silla
Glass - vaso
Intelligent -inteligente
Kitchen - cocina
Miles - millas
Nice - lindo
Sister - hermana
Son - hijo
Table - mesa
Yard - patio / yarda
Black - negro
Blue - azul
Brown - marrón

Gold - dorado / oro
Green - verde
Grey - gris
Orange - anaranjado / naranja
Pink - rosa
Purple - morado
Red - rojo
Silver - plateado
White - blanco
Yellow – amarillo

Phrases and Expressions - Frases y expresiones

Knock, knock - cuando se toca la puerta.
To ask for food - pedir comida.
All dogs - todos los perros.
She sits in the window - ella se sienta en la ventana.
But I can make videos - pero puedo hacer videos.

Grammar – Gramática
There is / There are – Hay

En español usamos "*hay*" tanto en el singular como en el plural. En inglés en cambio, tenemos el uso del singular, plural, preguntas y respuestas. Vamos a ver cómo funciona en inglés.

There is – Hay

Se usa para una sola cosa, esto es, en el singular. También se usa con las palabras que no se cuentan.

There is a chair in the kitchen – Hay una silla en la

cocina.

There is a dog in the yard – Hay un perro en el patio.

Ask and answer – preguntar y responder

Is there a dog in the yard? - ¿Hay un perro en el patio?

Yes, *there is*. – Sí, lo hay.

Yes, *there is* a dog in the yard. – Sí, hay un perro en el patio.

No, *there is not*. – No, no lo hay.

No, *there is not* a dog in the yard. – No, no hay un perro en el patio.

There's a glass on the table – Hay un vaso en la mesa.

There isn't a glass on the table – No hay un vaso en la mesa.

Como pueden ver, hay una forma de contracción para el positivo y negativo.

There are – Hay

Se usa para dos o más cosas, entiéndase, para el plural. La estructura es la misma que con "*there is*" a excepción que "*there are*" no tiene forma de contracción en el afirmativo.

There are two dogs in the yard – hay dos perros en el patio.

There are four chairs in the kitchen – hay cuatro

sillas en la cocina.

Ask and answer – preguntar y responder.

Are there any chairs in the house? – ¿hay algunas sillas en la casa?

Yes, *there are* some. – Sí, hay algunas.

Yes, *there are* some chairs in the house – Sí, hay algunas sillas en la casa.

No, *there are not* (*there aren't*). – No, no las hay.

No, *there are not* (*there aren't*) any chairs in the house. – No, no hay ninguna silla en la casa.

Es importante aprender a usar "*some-algún, algunos*"; siempre se usa en la forma afirmativa del plural "*there are*".

There are some dogs in the house – Hay algunos perros en la casa.

"*Any-ninguno*" siempre se usa en preguntas y respuestas negativas del singular y plural. Veamos.

Is there any fruit in the house? - ¿Hay alguna fruta en la casa?

There isn't any fruit in the house – No hay nada de fruta en la casa.

Are there any dogs in the house? - ¿Hay algún o algunos perros en la casa?

There aren't any dogs in the house – No hay ningún o ningunos perros en la casa.

Prepositions "In / At / On" – Preposiciones "In / At / On".

Hemos estado viendo estas preposiciones en el transcurso de las lecciones pasadas. Vamos a ver cómo funcionan. Estas tres preposiciones pueden ser traducidas como "*En*" en español.

In – en (dentro de algo)

At – en (localidad y dirección)

On – en (sobre o encima de algo).

There is money *in* the wallet – Hay dinero en la cartera (*entiéndase, el dinero está* **dentro** *de la cartera.Wallet es usado para la cartera de hombre solamente*).

The keys are *in* the purse – las llaves estan en la cartera *(dentro de la cartera. Purse es usado para la cartera de mujer solamente)*

There are apples *in* the refrigerator – hay manzanas en la nevera.

I am *at* school – Estoy en la escuela (entiéndase, como dirección o localidad)

Dad is *at* the hospital – papa está en el hospital.

We are *at* the restaurant – estamos en el restaurante.

There is a book *on* the table – -hay un libro en la mesa (*entiéndase, el libro está* **sobre** *la mesa).*

The papers are *on* the floor – los papeles están en el piso.

I am *on* the bike – estoy en la bicicleta.

Possessive adjectives – Adjetivos posesivos.

Ahora es tiempo de aprender a decir cuando algo nos pertenece o a alguien más. Los adjetivos posesivos funcionan igual que en español. Veamos.

My - mi

Your – tu / su (de usted)

His – su (de él)

Her – su (de ella)

Our - nuestro

Your – su (de ustedes)

Their – su (de ellos / ellas)

My car is beautiful – mi carro es hermoso.

Your house is nice - tu casa es linda / su casa es linda (de usted).

His dog is black – su perro es negro o el perro de él es negro.

Her cat is white – su gato es blanco o el gato de ella es blanco.

Our brother is intelligent – nuestro hermano es inteligente.

Your sister is sad – su hermana está triste o la hermana de ustedes está triste.

Their son is ugly – su hijo es feo o el hijo de ellos es feo.

Como pueden ver es verdaderamente fácil usarlos.

The preposition "Of - De" – La preposición "of - de".

Se usa por lo general al igual que en español. Prestemos atención a los ejemplos citados.

A house *of* stone - Una casa de piedra.

The city *of* New York – La ciudad de Nueva York.

The leg *of* the table – La pata de la mesa.

Como pueden ver, no hay nada difícil en usar y aprender esta preposición.

Possessive Case "'S" – El caso posesivo "'s"

En inglés existe lo que llamamos el caso posesivo; ahí es cuando los hispano-hablantes dicen que los de habla inglesa dicen las cosas al revés, pero no es así. Veamos y aprendamos el por qué.

El caso posesivo es representado por "'s", entiéndase, un apostrofe antes de la "s". Y significa "de" en español.

The house *of* Pedro – La casa de Pedro.

Pedro *'s* house – La casa de Pedro.

Solo tienen que colocar la 'S después de quien posee el artículo o palabra en cuestión; esto indicará que esta persona posee el objeto o cosa.

The car *of* Maria – El carro de María. ¿Quién posee el carro? María, ¿verdad? Entonces, solo tenemos que adherir la 's al nombre de María.

Maria *'s* car – El carro de María.

Carlo *s'* Apple – La manzana de Carlos.

Si quien posee termina en "S", solo colocamos el apostrofe después de la "S" del nombre de la persona. Recuerden que esta regla se aplica cuando la palabra está en plural.

The boy*s'* projects – Los proyectos de los chicos
The Smith*s'* car – El carro de los Smiths.

Can – Poder

En español tenemos que conjugar el verbo "*poder*" para decir cuando somos capaces o no de hacer algo. En cambio, en inglés es bastante fácil, solo tenemos que usar "*can*", el cual se usa con todos los pronombres personales por igual, sin distinción alguna. Veamos.

I can – yo puedo
You can – tú puedes / usted puede
He can – él puede
She can – ella puede
We can – nosotros podemos
You can – ustedes pueden
They can – ellos / ellas pueden
I can talk to you – puedo hablar contigo.
She can walk ten miles – ella puede caminar 10 millas.
We can learn English – nosotros podemos aprender inglés.

Presten atención, después del "can" el verbo siempre va sin el "to". NUNCA usen un verbo en infinitivo, es decir, con el "to" después de "can". Eso es un error garrafal. También pueden notar que no se usa "s" o "es" cuando usamos "Can".

Ask and answer – Preguntar y responder
Can I work with you? - ¿puedo trabajar contigo?

Yes, you can. – Sí, puedes.
Yes, you can work with me. – Sí, puedes trabajar conmigo.

No, you cannot. – No, no puedes.
No, you cannot work with me. – No, no puedes trabajar conmigo.

I can't work today – no puedo trabajar hoy.
Fíjense muy bien la forma de contracción negativa "*can't*". No tiene dos "n".

Can you arrive early tonight? - ¿puedes llegar temprano esta noche?

No, I can't. – No, no puedo.
Can she sing? - ¿puede ella cantar?
Yes, she can sing very well – Sí, ella puede cantar muy bien.
Can I come in? - ¿puedo entrar?
Yes, you can come in – Sí, puedes entrar.

Can you help me, please? - ¿puedes ayudarme, por favor?
No, I can't help you – No, no puedo ayudarte.

Can I help you? - ¿puedo ayudarte?
Yes, you can help me – Si tú puedes ayudarme.
No, you can't help me – No, no puedes ayudarme.

Can we rent a car? ¿Podemos rentar un auto?
Yes, we can. – Sí, podemos.

No, we can't. – No, no podemos.

Prepositions – Preposiciones
Behind – detrás
There is a dog *behind* the car – hay un perro detrás del carro.
Between – entre
There is a dog *between* the car and the house – hay un perro entre el carro y la casa.

In front of – en frente de
There is a dog *in front of* the house – hay un perro en frente de la casa.

Next to – al lado de
There is a dog *next to* the window – hay un perro al lado de la ventana.

Over – sobre
There is a man *over* the table – hay un hombre sobre la mesa *(entiéndase, over es cuando no se está tocando la superficie)*
Under – debajo
There is a child *under* the table – hay un niño debajo de la mesa.
Near – cerca
There is a clinic *near* the house – hay una clínica cerca de la casa.

Hemos aprendido muchas cosas nuevas. El nivel de inglés actual es muy alto y están listos para hablar sobre casi cualquier cosa, pero aun nos faltan muchas cosas por aprender. Repasen las lecciones pasadas y asegúrense de aprender bien cualquier palabra, término o concepto que aún no dominen bien.

Reading - Lectura

Do you know how many people speak English? There are 400 million native speakers of English, but there are 1.5 million people who speak English as a second language! Who says what is correct in English? There is no Royal Academy of English. And many non-native speakers do not need to understand British or American English. They need to understand their neighbors—Russians, Chinese, or Mexicans—who combine English with their native language. Now, native speakers can go on the Internet and learn to speak non-native English!

Exercises – Ejercicios

Exercise 6.1: Write the correct preposition.

Example: The curtains are _in_ (under / on / in) the window.

The tree is _____ (next to / on / over) the

street.

The lamp is _____ (between / at / over) the

table.

The guitar is _____ (in / on / at) the chair.

The dogs are _____ (on / behind /over) the house.

The dishes are _____ (in / on / at) the table.

The teachers are _____ (under / on / at) the school.

The fruit is _____ (behind / over / between) the fridge and the stove.

Exercise 6.2: Make questions with *can*. Ask for help.

Verbs: arrive, buy come, cook, go, teach

Example: I need to learn Spanish. _Can you teach Spanish?_

My brother wants to go to church. Can he _____ with you?

Mom needs something to eat. Can _____ something for her?

I want to have a party. Can _____ to my party?

There is **a lot of** work. Can _____

early?

I need to buy a table for the party. Can I

_____ your table?

Exercise 6.3: Make questions with *can* to ask for permission. Write the verb.
Example: We need to buy a couch. Can we _buy_ a couch today?
I want to cook. Can I _____?

George wants to play with your dog. Can he

_____ with your dog?

Natalie wants to run in the street. Can she _____

in the street?

They want to sing in church. Can they _____

in church?

You speak English! Can I _____ English with

you?

Exercise 6.4: Write the correct possessive pronoun: *my, your, his, her, its,* or *their.*
I want _____ mom.

Mom wants _____ cat.

The cat wants _____ food.

The brother likes _____ house.

Do you want _____ car?

The teachers need _____ money.

Exercise 6.5: Answer the questions with a short answer.

Example: Can you speak English? _Yes, I can._ / Can you speak Russian? _No, I can't._

Can you drive a taxi? _____

Can you speak German? _____

Can you play the guitar? _____

Can you play chess? _____

Can you cook fish? _____

Lesson 7
What are you doing? - ¿Qué estás haciendo?

Conversation 1

Tamika: Hey, Leila, what are you doing?
Leila: I'm taking a shower.
Tamika: Where are you going?
Leila: To work.
Tamika: You're getting an early start.
Leila: Yes, well, I have a lot of work to do.
Tamika: What do you have to do?
Leila: I have to plan a trip for my boss. He's going to Korea.
Tamika: Wow!
Leila: I know. I'm going to buy his ticket today.
Tamika: Okay. What do you feel like eating for dinner?
Leila: Shrimp!
Tamika: Mmm. With wine and some vegetables?
Leila: Good idea. Well, have a nice day!
Tamika: Thanks. Enjoy sleeping!
Leila: Of course!

New words – Nuevas palabras
Bath – baño   Bed - cama

Check – cheque
Clothes – ropa
Door – puerta
Early – temprano
Exam – examen
Great – estupendo
Late – tarde
Now – ahora
Picture - foto / cuadro
President - presidente
Reality – realidad
Shrimp – camarones
Ticket - ticket / boleto
Ticket counter - mostrador de ticket / boletería
Tonight -- esta noche

Church - iglesia
Day - día
Drink - bebida / trago
Email - email
Floor - piso
Job - trabajo
Letter - carta
Party - fiesta

Show - espectáculo
Something - algo

Phrases and Expressions - Frases y expresiones

Very well - muy bien.
And so on - y así por el estilo, etcétera.
This weekend - este fin de semana.
My daughter – mi hija.
Choose the correct sentence - escoge la respuesta correcta.
An early start - un temprano comienzo / un inicio temprano.
What do you have to do? - ¿qué tienes que hacer?
And some vegetables - y algunos vegetales.
Healthy routine - rutina saludable.
Is essential - es esencial.
Drinking water - agua potable.

Before or during meals - antes o durante comidas.

When do you exercise? - ¿cuándo te ejercitas?

They eat healthful foods - ellos comen comida saludable.

And weather - y el clima.

I'm looking at prices of airline tickets - estoy mirando los precios de los tickets de las aerolíneas.

Lightweight clothes - ropas ligeras.

My friends - mis amigos.

I can't wait! - no puedo esperar - ansío el momento - estoy ansiosa.

To set the table - poner la mesa.

Grammar – Gramática

Como ya dominamos el verbo "to be", vamos entonces a dar un paso más en nuestro aprendizaje del idioma inglés.

Present progressive "Going to" – Presente progresivo "Going to".

El presente progresivo en español se forma con el verbo "*ir + a*". Decimos "*Voy a México*". En inglés se usa "*going to*". Cuando usamos el "going to" indica una acción futura o por realizar próximamente. Veamos cómo se usa.

Going to – Ir a

I am going to – yo voy a - iré

You are going to – tú vas a / usted va a – irá(s) a

He is going to – él va a – irá a

She is going to – ella va a – irá a

It is going to – él o ella va a – irá a

We are going to – nosotros vamos a – iremos a

You are going to – ustedes van a – irán a

They are going to – ellos / ellas van a – irán a

Como habrán notado, para formar este tiempo en inglés siempre tendrán que usar la conjugación correspondiente del verbo *"to be"*. No olviden que también indica una acción futura o cercana a su realización.

I *'m going to* London – voy a Londres. / Iré a Londres.

You *are going to* study French – tú vas a estudiar francés. / Tú aprenderás francés.

She *'s going to* cook tonight – ella va a cocinar esta noche. / Ella cocinará esta noche.

He *'s going to* learn English – él va a aprender inglés. / Él aprenderá inglés.

It *is going to* rain today – va a llover hoy. / Lloverá hoy.

We *'re going to* eat – vamos a comer / comeremos.

You *are going to* Italy – ustedes van a Italia. / Ustedes irán a Italia.

They *are going to* sing tonight – Ellas van a cantar esta noche. / Ellas cantarán esta noche.

Ask and answer – Preguntar y responder

Am I going to? - ¿voy yo a?

Are you going to? - ¿vas tú a? ¿va usted a?

Is he going to? - ¿va él a?

Is she going to? - ¿va ella a?

Is it going to? - ¿va a?

Are we going to? - ¿vamos nosotros a?
Are you going to? - ¿van ustedes a?
Are they going to? - ¿van ellos / ellas a?

Como pueden ver, si dominan el verbo "*to be*" no tendrán ningún inconveniente, puesto que es el verbo "*to be*" que hace la forma interrogativa, negativa y afirmativa. Veamos.

Are you going to study English? - ¿vas a estudiar inglés?
Yes, I am. – Sí, voy.
Yes, I am going to study English – Sí, voy a estudiar inglés.

No, I am not. – No, no voy.
No, I am not going to study English – No, no voy a estudiar inglés.

Is he going to learn English? - ¿va él a aprender inglés?
Yes, he is. – Sí, él va.
Yes, he is going to learn English – Sí, él va a aprender inglés.

No, he isn't. – No, él no va.
No, he isn't going to learn English – No, él no va a aprender inglés.

Is she going to France? ¿va ella a Francia?
Yes, she is. – Sí, ella va.
Yes, she is going to france – Sí, ella va a Francia.

No, she is not. – No, ella no va.

No, she is not going to france – No, ella no va a Francia.

Where are you going (to)? – ¿Adónde vas?

I am going to Germany – voy a Alemania.

Como ustedes pueden ver la estructura es la misma, solo deben cambiar el "*verbo*" o la "*palabra*" para indicar lo que ustedes quieren decir. Este es un tiempo que se usa tanto como en español. Lo mejor parte es, que no es difícil, como ustedes creían. A practicar.

Vamos a aprender algunos nombres de países y sus idiomas para completar nuestro ciclo de aprendizaje del futuro próximo.

Countries – Países

Australia - Australia

Belgium - Bélgica

Cambodia - Cambodia

Canada - Canadá

China - China

Cuba - Cuba

Dominican Republic – República Dominicana

France - Francia

Germany - Alemania

Greece - Grecia

Haiti - Haití

India - India

Indonesia - Indonesia
Israel - Israel
Italy - Italia
Japan - Japón
Korea - Corea
Mexico - México
Norway - Noruega
Philippines - Filipina
Portugal - Portugal
Russia - Rusia
Spain - España
Thailand - Tailandia
Turkey - Turquía
UK – Reino Unido
USA – Estados Unidos de América

Nationalities – Nacionalidades
Australian - Australiano
Belgian - Belga
Cambodian - Camboyano
Canadian - Canadiense
Chinese - Chino
Cuban - Cubano
Dominican - Dominicano
French - Francés
German - Alemán
Greek - Griego
Haitian - Haitiano
Indian - Indio
Indonesian - Indonesio
Israeli - Israelí

Italian - Italiano
Japanese - Japonés
Korean - Coreano
Mexican - Mejicano
Norwegian - Noruego
Filipino - Filipino
Portuguese - Portugués
Russian - Ruso
Spanish - Español
Thai - Tailandés
Turk - Turco
Englishman - Inglés
American - Americano

Languages – Idiomas
Arabic - Árabe
Chinese - Chino
Creole - Creol
Dutch - Holandés
English - Inglés
French - Francés
German - Alemán
Greek - Griego
Hebrew - Hebreo
Hindi - Hindi
Indonesian - Indonesio
Italian - Italiano
Japanese - Japonés
Korean - Coreano
Polish - Polaco
Portuguese - Portugués

Russian - Ruso
Turkish - Turco

The gerund "ing" – El gerundio "ing".

El gerundio es también llamado presente progresivo, pero para que no se confundan lo seguiremos llamando, gerundio. Como saben, en español siempre se usa el verbo "*estar*" y después al verbo que le sigue se le agrega "*ando – iendo*". El gerundio en inglés es muy simple; de hecho ustedes ya han usado el gerundio, pero con otro significado. El gerundio es representado por "*ing*".

Primero aprendemos a colocar el "*ing*" a los verbos. Debemos suponer que a todos los verbos le agregamos "*ing*", quitamos el "*to*" del infinitivo y le agregamos el "*ing*".

To cook – *cooking*	- cocinando
To eat – *eating*	- comiendo
To work – *working*	- trabajando
To drink – *drinking*	- bebiendo

A los verbos que terminan en "*e*", quitamos la "*e*" y le agregamos el "*ing*".

To write – *writing*	- escribiendo
To argue – *arguing*	- discutiendo
To arrive – *arriving*	- llegando
To drive – *driving*	- conduciendo
To dance – *dancing*	- bailando
To leave – *leaving*	- partiendo
To come – *coming*	- viniendo

To smoke – *smoking* - fumando
To take – *taking* - tomando / llevando

Si el verbo termina en una consonante, precedida de un vocal y una consonante a la vez, duplicamos le consonante final y agregamos "*ing*". Veamos.

To hug – *hugging* - abrazando
To swim – *swimming* - nadando
To run – *running* - corriendo

Recuerden, no se dobla la consonante cuando el verbo termina en "*W, X, Y*". Veamos.

To fix – *fixing* - reparando
To enjoy – *enjoying* - disfrutando
To snow – *snowing* - nevando

Si el verbo termina en "*ie*" lo cambiamos to "*ying*".

To lie – *lying* - mintiendo
To tie – *tying* - amarrando
To die – *dying* - muriendo

Si el verbo termina en una vocal acentuada más "*r*", duplicamos la consonante final. Veamos. Recuerden que el acento no se marca, es en la pronunciación, escuchen el audio y podrán notar la vocal acentuada.

To refer – *referring* - refiriendo
To defer – *deferring* - difiriendo

Recuerden, si el verbo termina en una vocal no acentuada más "*r*" no se duplica la "*r*". Una vez más, el acento es en la pronunciación y no se marca.

Escuchen bien el audio. Veamos.

To offer – *offering*   - ofreciendo
To suffer – *suffering*   - sufriendo
To whisper – *whispering* - susurrando

Ya aprendimos como agregar el "*ing*" a los verbos. Es hora de aprender cómo usar el gerundio. Veamos.

I am cooking – yo estoy cocinando

You are cooking – tú estás cocinando / usted está cocinando

He is cooking – él está cocinando

She is cooking – ella está cocinando

We are cooking – nosotros estamos cocinando

You are cooking – ustedes están cocinando

They are cooking – ellos / ellas están cocinando

No olvidemos que el gerundio se refiere a una acción que está pasando en ese mismo momento. No hay porque pensar mucho, debido a que es similar que en español.

The plane is arriving at the airport – el avión está llegando al aeropuerto.

We are speaking to the president – estamos hablando con el presidente.

They are writing an email – ellos están escribiendo un email.

I am cashing a check – estoy cambiando un cheque.

He is taking a picture – él está tomando una foto.

You are coming from church – usted está viniendo de la iglesia.

I am dreaming now – estoy soñando ahora.

We are standing in front of the school – estamos parados en frente de la escuela.

She is waiting for her brother – ella está esperando por su hermano.

I am waiting for you – estoy esperando por ti / te estoy esperando.

You are reporting from the police station – ustedes están reportando desde la estación de policía.

Ask and answer – preguntar y responder
What *is she cooking* tonight? - ¿Qué está ella cocinando esta noche?

She is cooking shrimp – Ella está cocinando

camarones.

What *are you doing*? ¿Qué estás haciendo?
I am studying for my exam – estoy estudiando para mi examen.

Is he enjoying the party? - ¿está él disfrutando la fiesta?
Yes, *he is.* – Sí, él está.
Yes, *he is enjoying* the party. – Sí, él está disfrutando de la fiesta.

No, *he isn't.* – No, él no está.
No, *he is not enjoying* the party. – No, él no está disfrutando de la fiesta.

How are you doing? - ¿Cómo te va?
I am doing great – Me está yendo súper bien.
I am not doing very well – No, me está yendo muy bien.

Si nos detenemos un momento a evaluar lo que ya hemos aprendido, estaríamos sorprendidos con el nivel de inglés obtenido. Recuerden, la clave es practicar y practicar.

New verbs – Nuevos verbos
- *To board* the plane – abordar el avión
- *To buy* the ticket – comprar el ticket
- *To check in* at the ticket counter – registrarse en el mostrador de boletería

- *To come* from Europe – venir de Europa
- *To declare* something – declarar algo
- *To finish* the job – terminar el trabajo
- *To get up* early – levantarse temprano
- *To go out* for a drink – salir por un trago
- *To go to* bed late – acostarse tarde
- *To mail* the letter – enviar la carta *(es decir, por correo postal)*
- *To make* something – hacer algo *(expresa la idea de fabricar algo)*
- *To open* the door – abrir la puerta
- *To see* the reality – ver la realidad
- *To sell* cars – vender autos
- *To sit* on the floor – sentarse en el piso
- *To start* the day – comenzar el día
- *To stay* at home – quedarse en casa
- *To take a bath* – tomar un baño
- *To take a shower* – tomar una ducha
- *To think about* you – pensar en ti
- *To wear* nice clothes – usar ropas lindas *(llevar puesto)*

Repasemos y aprendamos bien cada uno de estos verbos. Los necesitamos para las siguientes lecciones. Buena suerte y continúen hablando. Les recomiendo hacer una pequeña pausa para revisar todo lo aprendido hasta ahora y después continuamos nuestros estudios.

✎Reading 1
What is a healthy routine? Do healthy people

exercise all day? Do they eat just fruit and vegetables? Do they sleep a lot? Work a lot? Today, many people are talking about healthy routines. Getting to bed early is essential. Drinking water is important, too. But when do you drink water? In the morning? Before or during meals? Before going to bed? When do you exercise? In the morning? At night? Some people get up early, start the work day, take a break for exercise, and then go back to work. They eat snacks in the morning and afternoon. They eat healthful foods: almonds, apples, and fish.

Reading 2

I'm planning a trip to the Dominican Republic. I'm reading about the culture and weather. I'm looking at prices of airline tickets. I need to buy one soon! I'm making a list of things I need: lightweight clothes, sandals, toothbrush, and so on. I'm talking to my friends about places to visit. And I'm taking swimming lessons. I can't wait!

Exercises – Ejercicios

Exercies 7.1: Write sentences using Going to – Escribe oraciones usando Going to.

Example: What are you going to eat for lunch? _I'm going to buy pizza._____ (buy pizza)

What are you going to cook for dinner?

_____ (make shrimp cocktail)

What are you going to do after dinner?

116

_____ (practice speaking English)

What are you going to do this weekend?

_____ (play with my daughter)

What are you going to do this summer?

_____ (work a lot)

What are you going to do next year?

_____ (travel to Greece)

Exercise 7.2: Complete the telephone conversation using the verb in present progressive – Completa la conversación Telefónica usando el verbo en presente progresivo.

"Yes, Aunt Jill, we're all here. Hmmm? What _are_

we _doing_? (1) Well, I _____ (talk) to you, of

course. (2) Dad _____ (cook) some chicken for

dinner. (3) Mom _____ (make) juice. (4) Janet

_____ (set) the table. (5) Mark _____

(finish) his homework. (6) The baby _____ (eat),

as usual. (7) Frank and Fufu—our dogs, you know—

_____ (enjoy) their bone. (8) And the cat

_____ (play) with a mouse."

Exercise 7.3: Read the sentence in Spanish. Choose the correct sentence: simple present tense or present progressive.

Mamá está cocinando ahora.

Mom cooks. / Mom is cooking.

Mi hermana siempre lava los trastes.

My sister washes the dishes. / My sister is washing the dishes.

Papá arregla el techo cada año.

Dad fixes the roof every year. / Dad is fixing the roof every year.

Mi hermano está bañándose ahorita.

My brother takes a shower. / My brother is taking a shower.

Mamá siempre se duerme tarde.

Mom goes to bed late. / Mom is going to bed late.

🔒Lesson 8
What time is it? ¿Qué hora es?

💬Reading 1

Early in the morning, a car stops in front of the airport. A man runs inside. He waits in line. "What time is it?" he asks the clerk, "you see my plane leaves early." The clerk asks him for his documents. "Do you have a passport, Sir? This is an international flight." He has only one carry-on bag, so he finishes quickly. "Where is my gate?" he asks. He follows the clerk's directions and quickly arrives at the departure gate. "What time is it?" he asks the clerk. "Your plane is delayed, Sir. There is bad weather in Chicago." He answers, "There is always bad weather in Chicago." The man sits, eats, sits, reads a book, and sits some more. "What time is it?" he asks again. "The time is on the screen, Sir," the clerk tells him. "Oh, okay. Thank you." The man sits again, saying to himself, "This is going to be a long day."

💬Reading 2

"Zzzzzzz. Snort." The man wakes up to the sound of many people talking. "What time is it?" he asks in a panic. "Boarding time," a passenger answers. "Thank you," the man yells, running to get in line. But when it is his turn, the airline attendant tells him the plane is full. "But I have a ticket!" he insists. "I'm sorry. We're full." The man gets very angry and starts to complain. "My flight was supposed to leave at half past 6. What time is it now? It's noon, isn't it? I'm going to an important meeting!" The attendant asks to see his ticket. "This is not your plane. Your departure gate has changed." "Which one is my gate?" he asks. "Go to Gate E27." Embarrassed, the man looks for his new departure gate.

New words – Nuevas palabras

Bad - malo

Big - grande

Bike - bicicleta

Boat - bote / barco

Cheap - barato

Color - color

Cookies - galletas

Corner - esquina

Counter - mostrador

Delicious - delicioso

Expensive - caro

Flowers - flores

Good - bueno

Here - aquí

Inexpensive - barato

Lady - dama

Money - dinero

Motorbike - motocicleta (es un tipo de moto muy

ligera)
Nervous - nervioso
On foot - a pie
Pretty - lindo
Red - rojo
Salad - ensalada
Small - pequeño
There - allá
Train - tren
Airline Clerk – empleado de aerolínea
Boarding gate – puerta de abordaje
Departure lounge – sala de espera (en aeropuerto)
Flight – vuelo
Luggage – equipaje
Passport – pasaporte
Seat – asiento
Ticket – boleto
Trip – viaje
Vacation – vacaciones
Capital – capital
Radio station – estación de radio
Breakfast – desayuno
Lunch – almuerzo
Meeting – reunión
News – noticias
Person (people) – persona (s)
Snack – picadera
Customer – cliente
Pair – par
Size – medida
Style – estilo
Animal – animal

Birds – pájaros
Horse – caballo
Bottle – botella
Box – caja
Calculator – calculadora
Camera – cámara
Cigarette – cigarrillo
Clock – reloj (de pared)
Computer – computadora
Customs officer – oficial de aduanas
Matches – fósforos
Package – paquete
Perfume – perfume
Product – producto
Suitcase – maleta / maletín
Watch – reloj (de mano)

Phrases and expressions – Frases y expresiones.
Have a good trip – tenga un buen viaje.
Is this seat taken? ¿Está ocupado este asiento?
On foot – a pie.
On vacation – de vacación.
Smoking or nonsmoking? ¿Fumadores o no fumadores? (*refiriéndose al área*).
Or – o (conjunción).
What's your nationality? ¿Cuál es tu nacionalidad?
A cup of coffee – una taza de café.
A glass of wine – un vaso de vino.
At night – en la noche / por la noche.
I see – ya veo.

You see – ya ves.

In the afternoon – en la tarde.

In the evening – en la noche (temprano).

In the morning – en la mañana.

Not at all – no del todo (también se usa para decir de nada).

You're welcome – de nada.

I'd like – me gustaría.

A pair of shoes – un par de zapatos.

In style – a la moda

What a shame – que lástima / que vergüenza.

Good-bye – adiós.

See you – nos vemos.

*Else – más.

What else do you want? ¿Qué más quieres?

What else? ¿Qué más?

Nothing else – nada más.

Grammar – Gramática

Ya hemos descansado bastante después de nuestra corta pausa. Continuemos con nuestro viaje al mundo de habla inglesa.

Prepositions – Preposiciones

By – por: se usa para medios de transporte

I travel to Europe *by car* – Viajo en carro

We go to church *by boat* – vamos a la iglesia en bote

She is going to france *by plane* – ella va a Francia en avión

I am going to school *by bus* – voy a la escuela en

autobús

They go to the supermarket *by bike* – ellas van al supermercado en bicicleta

We go downtown *by motorbike* – vamos al centro de la ciudad en motocicleta

We are going to Italy *by train* – vamos a Italia en tren.

Recuerden, siempre usamos *por* para expresar medios de transporte. Sin embargo, cuando decimos "a pie", se usa "***on foot***".

I go to school *on foot* – voy a la escuela a pie.

From – desde / de: se usa para indicar procedencia y origen.

I am *from* Italy – soy de Italia.

Where are you *from*? - ¿de dónde eres?

I am *from* Paris – soy de Paris.

Where are you coming *from*? ¿De dónde vienes? – I am coming *from* church – vengo de la iglesia.

Around – alrededor – derredor: se usa para indicar algo próximo o de cercanía.

Is she from *around* here? ¿Es ella de por aquí?

Yes, she is from *around* here – sí, ella es de por aquí.

There is a restaurant *around* the corner – hay un restaurante a la vuelta de la esquina *(al doblar la esquina)*.

I feel very nervous when I am *around* you – me siento muy nervioso cuando estoy cerca de ti (contigo).

Demonstrative pronouns – Pronombres demostrativos

Ahora vamos a aprender a usar los pronombres demostrativos, los cuales también funcionan como adjetivos.

This – este / esto / esta: Se usa en el singular. Recuerden que cuando usamos "this" es porque el objeto o cosa de la que hablamos está a nuestro alcance, es decir, próximo a nosotros, que podemos tocarlo con nuestras manos.

This car is small – este carro es pequeño
This table is big – esta mesa es grande
This is good – esto es bueno.

These – estos / estas: Es el plural de "this"; tiene el mismo uso, pero en el plural.

These cars are small – estos carros son pequeños
These tables are big – estas mesas son grandes
Es bastante sencillo el uso, puesto que es igual que en español. Practiquen bien y aprendan el uso correcto.

That – ese / eso / esa: Se usa en el singular y cuando estamos refiriéndonos a un objeto o cosa que está lejos de nuestro alcance, lejos de nosotros.

That car is expensive – ese carro es caro
That dress is inexpensive – ese vestido es barato
That woman is pretty – esa mujer es linda.
That is not good – eso no es bueno

Those – esos / esas: Es el plural de "that"; tiene el mismo uso, pero el plural.

Those women are very pretty – esas mujeres son muy lindas.

Those cars are very cheap – esos carros son muy baratos.

Those tables are too expensive – esas mesas son demasiadas caras.

Por lo general cuando usamos los adjetivos demostrativos, tendemos a usar los adverbios de grado:

Very – muy

That car is very expensive – Ese carro es muy caro.

That dress is very cheap – Ese vestido es muy barato.

Too – demasiado / muy

This car is too expensive – este carro es demasiado caro.

This dress is too short – este vestido es muy corto.

Over here – aquí/ por aquí

This car is very nice – esta carro es muy lindo.

This one here is very nice – este de aquí es muy lindo.

This one over here is very nice – este de por aquí es muy lindo.

Over there – aquel (aquella) – aquel de allá

That car over there is very nice – ese carro de allá es muy lindo / aquel carro de allá es muy lindo.

Recuerden que pueden usarlo tanto en el singular como en plural. También pueden usar "*here* – *aquí, acá*" y "*there* – *allí / allá*" solos.

También tendemos a usar el pronombre "*one* – *ones / uno* – *unos*"

That one is good – ese es bueno.

Those ones are delicious – esos son deliciosos.

This one is bad – este es malo.

These ones are not good – estos no son buenos.

Adjectives – Adjetivos

Vamos a continuar aprendiendo el uso de otros adjetivos para incrementar nuestro conocimiento y mejorar nuestras habilidades en inglés.

*Any – algún / ningún

Solo se usa en preguntas y oraciones negativas.

Do you have any salad? - ¿Tienes algo de ensalada?

No, I don't have any. – No, no tengo nada (ninguna).

Bedside – al lado de la cama

Brand new – Nuevo (de paquete)

Furnished - amueblado

*Some – algún

Solo se usa en preguntas y oraciones afirmativas y cuando se ofrece algo. Denota un grupo de palabras que describen cosas irreales cuando no estamos seguros de que existan.

Do you want some cookies? ¿Quieres algunas galleticas?

Yes, I want some cookies– Sí, quiero algunas galleticas.

Overweight – pasado de peso / con sobrepeso
Important - importante
Many – muchos
Se usa en todo caso, preguntas, afirmación, negación, siempre que hablemos de cosas contables.
Does she have many cookies? ¿Tiene ella muchas galletas?
Yes, she has many cookies – Sí, ella tiene muchas galletas.
No, she doesn't have many cookies – No, ella no tiene muchas galletas.

Big - grande
Busy - ocupado
Every – cada / todo
Interesting - interesante
Light – liviano / ligero
Heavy - pesado
Favorite - favorito
Beautiful - hermoso
Clean - limpio
Dirty - sucio
Empty - vacío
Full - lleno
Long – largo
New - nuevo
Old - viejo
Short - corto
Thick - grueso

Thin - delgado

Unattractive – feo (no atractivo)

Ugly - feo

Modern - moderno

Much –mucho

Se usa en preguntas y respuestas negativas. No usamos "much" en oraciones afirmativas. Recuerden, se usa con cosas que no se pueden contar.

How much salad do you need? - ¿cuánta ensalada necesitas?

I need a little – necesito un poco.

I don't need much – no necesito mucha.

A lot (of) - mucho

Se usa en todo caso: preguntas, respuestas afirmativas y negativas.

I have a lot of money – tengo mucha dinero.

I don't have a lot of money – no tengo mucho dinero.

Do you have a lot of money? - ¿tienes mucho dinero?

Yes, I have a lot of money – Sí, tengo mucho dinero.

No, I don't have a lot of money – No, no tengo mucho dinero.

Possessive pronouns – Pronombres posesivos

Hemos aprendido los adjetivos posesivos, que como ya sabemos, siempre van al inicio o en medio de la oración. Recordemos.

My car is nice – mi carro es lindo
This is *my* car – este es mi carro.

Ahora vamos a aprender los pronombres posesivos, los cuales se usan igual que en español. Nosotros decimos en español "este carro es mío". No podemos decir "este es mio carro"... no tendría ningún sentido. Esa es la diferencia entre en adjetivo y el pronombre posesivo. Aprendamos.

Mine - mío
Yours – tuyo / suyo
His - de él
Hers – de ella
Ours - nuestro
Yours – de ustedes
Theirs – de ellos / de ellas

Como pueden ver, casi todos terminan en "s" y no olviden que solo se usan al final de una oración. Muy importante, cuando ya sabemos de qué estamos hablando, entonces podemos usarlo en cualquier lugar de la oración. Veámoslo en acción.

This car is *mine* – este carro es mío.
This one over here is *yours* – este de aquí es tuyo.
That apple is *his* – esa manzana es de él.
That book is *hers* – ese libro es de ella.
That dog over there is *ours* – ese perro de allá es nuestro.
Those books on the counter are *yours* – esos libros en el mostrador son de ustedes.

These nice flowers over here are *theirs* – esas hermosas flores de aquí son de ellas.

Como pueden ver, es fácil de usarlos; se usan como en español. Presten mucha atención a la pronunciación del audio y asegúrense de dominarla a la perfección.

Cuando sabemos a qué nos referimos.
Where's your computer? - ¿Dónde está la computadora?

Mine is broken – la mía está rota (es decir, mi computadora está rota, en respuesta a la pregunta).

Dad took *mine* to work with him – papi se llevó la mía para trabajar (se llevó mi computadora, esto es en respuesta a la pregunta)

Con estos pronombres casi siempre se usan las palabras de preguntas:
Which – ¿cuál / cuáles?
Which car is yours? ¿Cuál es tu carro?
The red one – el de color rojo
Which one? ¿Cuál?
The red one, next to the beautiful lady over there – el de color rojo, próximo a la hermosa dama de allá.

Whose - ¿de quién / de quiénes?
Whose car is this? ¿De quién es este carro?
It is mine – es mío.
This is mine – es el mío.

Telling the time – Dando la hora

Vamos a aprender ahora como hablar del tiempo, como saber la hora y referirnos a una hora en específico. En español tenemos dos formas para preguntar la hora: ¿Qué hora es? Y ¿Qué horas son? Bueno, les sorprenderá saber que en inglés solo existe una forma de decirlo; es mucho más fácil que en español. Veamos.

What time is it? ¿Qué hora es? / ¿Qué horas son?

Sabemos que "what" significa "que" y time "tiempo"; también sabemos que "is" es del verbo "to be" y conocemos el pronombre "it", lo cual usamos porque nos referimos al tiempo. Y como pueden ver, no importa la hora, siempre será la misma pregunta. La hora siempre es en singular al igual que la respuesta.

What time is it? ¿Qué hora es?
It is three fifteen (3:15) – Son las 3:15
It is three o'clock – Son las tres en punto.

Cuando queremos preguntar la hora en que hacemos algo, entonces usamos "at" al inicio de la pregunta.

At what time do you get up everyday? - ¿a qué hora te levantas cada día?
I get up at 6:00 a.m. – Me levanto a las 6:00 a.m.

At what time do you start your day? ¿A qué hora inicias tu día?

I start my day at 5:00 o'clock – Inicio mi día a las 5:00 en punto.

Es bastante fácil como pueden ver. Vamos a aprender algunas variaciones y frases que nos ayudarán al momento de hablar de la hora.

It's 5:00 a.m. / p.m. – Son las 5:00 a.m. / p.m.

It's two-thirty – son las 2:30

It's half past two – son las 2:30 (pasa media hora de las 2 o son las 2 y media).

It's thirty minutes *past* two – son las 2:30 (pasan 30 minutos de las 2)

It's thirty minutes to three – son las 2:30 (30 minutos para las 3)

En inglés usamos "half – mitad (media)" para decir 30 minutos.

Usamos el "*past* – pasado (pasan)" para indicar cuando pasa cierto tiempo después de la hora.

Usamos "*to – para*" para indicar que va a dar una hora. Veamos más ejemplos.

It is two fifteen – son las dos y quince

It is a quarter *past* two – pasa un cuarto de las dos.

It is three forty five – son las 3:45

It is a quarter *to* four – falta un cuarto para las cuatro.

Es muy importante entender este concepto. Cuando pasan de una hora usamos "past-pasado" y cuando va a ser una hora usamos "to-para".

It is noon – es mediodía
It is midday – es mediodía
It is midnight – es medianoche

When are you coming home? ¿Cuándo vas a regresar a casa?

I'm coming home (at) about 7:00 o'clock – Voy a regresar a casa como a las 7 en punto.

I'm coming home after 7 – Vengo a casa después de las 7.

I'm coming home before 7 – vengo a casa antes de las 7.

I am coming home late tonight – vengo a casa tarde esta noche.

I am coming home early today – vengo a casa temprano hoy.

Adverbs – Adverbios

Vamos a continuar aprendiendo algunos adverbios que ya conocemos y otros nuevos.

About – acerca / más o menos
After – después
Before – antes
Early – temprano
Half past – pasan treinta minutos de
Late – tarde
O'clock – en punto
Quarter past – pasa un cuarto de
Quarter to / falta un cuarto para
Only – solamente

Today – hoy
Tomorrow – mañana
Tonight – esta noche
After tomorrow – pasado mañana
*Still – *todavía (siempre se usa en medio de palabras y algunas veces al inicio, pero nunca al final. Pueden indicar "aún" en muchos casos.*

I still don't want to eat – Todavía no quiero comer o aún no quiero comer.

*Yet – todavía *(siempre se usa al final de la oración, y puede indicar "aún" en muchos casos).*

She doesn't want to eat yet – ella no quiere comer todavía o ella no quiere comer aún.

Nearby – próximo / en los alrededores

Frequency Adverbs – Adverbios de frecuencia

Always – siempre
Every day – cada día
Every morning – cada mañana
Every week – cada semana
Every month – cada mes
Every year – cada año
Often – a menudo / con frecuencia
Sometimes – algunas veces
Usually – usualmente
Never – nunca

Exercises – Ejercicios

Exercise 8.1: Rewrite the sentence using the example.

Example: Which one is your car? _Which car is yours?_

Which one is their boat? _____

Which one is his seat? _____
Which one is her bicycle?

_____

Which one is my salad?_____
Which ones are their flowers?

_____

Which one is our flight?

_____

Which one is my passport?

_____

Which ones are her suitcases?

_____

Which one is your calculator?

_____

Which one is their box? _____

Exercise 8.2: Write the correct demonstrative pronoun using _this, that, these,_ or _those._
Example:
_____ (1) dress here is not in style, but

_____ (2) dress over there is expensive. _____

(3) section here is nonsmoking. _____ (4) section

over there is smoking.

_____ (5) snack here is cheap, but _____ (6)

cookies over there are delicious.

_____ (7) lady here is my mom, and _____

(8) man over there is my dad.

_____ (9) shoes here are nice, but _____ (10)

shoes over there are attractive.

Exercise 8.3: Write the means of transportation you use.

Example: How do you go to Australia? _by plane_

How do you go to Spain?   _____

How do you go to church?   _____

How do you go to the park?   _____

How do you go to work?   _____

How do you go to New York?   _____

Exercise 8.4: Write how often you do these things.

Example: How often do you go to the park? _every

morning_

How often do you go to church? _____

How often do you go shopping? _____

How often do you fly? _____

How often do you ride a horse? _____

🔒 Lesson 9
What would you like to know? – ¿Qué te gustaría saber?

💬 Conversation 1

Patron: I need some information.

Librarian: What would you like to know?

Patron: Do you have any books on Spain?

Librarian: Yes, let me show you. They are right here—oh, no. They're checked out. Sorry.

Patron: I'd like to study European culture.

Librarian: Books on culture . . . . Here we are.

Patron: No, these are mainly picture books. I want facts.

Librarian: Okay. What would you like to know?

Patron: When did Napoleon conquer Spain?

Librarian: Oh, I can tell you that. On February 16th, 1808. That date marks the beginning of the Peninsular Wars.

Patron: Oh. Thank you.

Librarian: That's all?

Patron: Yes. Have a nice night.

💬 Conversation 2

Karen: Yummy! Steak!

Aunt Fae: Oh, no. Karen. Don't eat that food.

Karen: Why not? Is it poisonous?

Aunt Fae: No. Why don't you have a turkey sandwich?

Karen: What's wrong with the steak? Is it too old?

Aunt Fae: No. Try the cheese-filled hot dogs.

Karen: Is the steak spicy?

Aunt Fae: No.

Karen: Is it fattening?

Aunt Fae: No, but—

Karen: Well, what's wrong with it?

Aunt Fae: Well, it's just that my husband wants it.

Karen: Oh, I see.

Aunt Fae: Would you like some lasagna? It's better than steak.

Karen: No, thanks.

Conversation 3

Bryan: Aunt Conchis, we're so happy you're visiting us. Would you like to watch TV?

Aunt Conchis : I don't watch TV on vacation.

Bryan: Oh. Would you like to see a movie?

Aunt Conchis : I never go to the movies.

Bryan: Would you like to see some caves or a waterfall?

Aunt Conchis: I don't like walking a lot.

Bryan: Would you like to go shopping?

Aunt Conchis : I don't have much money.

Bryan: Okay. Would you like some water?

Aunt Conchis: Is that all you can offer your poor aunt?

New words – Nuevas palabras
Angry - enojado
Better - mejor
Difficult - difícil
Food - comida
Husband - esposo
Months - meses
More - más
Phone - teléfono
Weeks - semanas
Wine - vino
Worthy - valioso
Year - año
Aunt - tía
Brother - hermano
Brother-in-law - cuñado
Cousin - primo
Daughter - hija
Father - padre
Father-in-law - suegro
Grandson - nieto
Grandchild - nieto
Granddaughter - nieta
Grandfather - abuelo
Grandmother - abuela
Husband -- marido / esposo
Mother - madre
Mother-in-law - suegra
Nephew - sobrino
Niece - sobrina
Parents - padres

Sister - hermana
Sister-in-law - cuñada
Son - hijo
Son-in-law - yerno
Stepchild - hijastro
Stepfather - padrastro
Stepmother - madrastra
Uncle - tío
Widow - viuda
Widower - viudo
Wife - mujer / esposa

Phrases and Expressions – Frases y Expresiones

Let me show you – déjame mostrarte / permíteme mostrarte.

They're checked out. – No están *(es decir los libros los han tomado prestado, por eso no están en el sistema, check-out)*.

Mainly picture books – mayormente libros de imagines.

I want facts – quiero hechos (no imágenes, más bien hechos reales, datos históricos).

When did Napoleon conquer Spain? ¿Cuándo conquisto Napoleón España?

That date marks – Esa fecha marca.

The beginning of - el inicio de / el comienzo de.

The Peninsular Wars. – las guerras peninsulares.

That's all? - ¿eso es todo?

Yummy! – delicioso.

Is it poisonous? - ¿es venenoso?

What's wrong – ¿Qué pasa…? ¿Cuál es el problema…?

Is it too old? - ¿está demasiado viejo?

Is the steak spicy? - ¿está el filete picante?

Is it fattening? - ¿tiene demasiada grasa?

It's just that – es solo que.

Some caves or a waterfall? - ¿algunas cuevas o cascada?

Offer your poor aunt – ofrecerle a tu pobre tía.

Grammar – Gramática

Hemos estado aprendiendo cosas pequeñas para incrementar nuestro conocimiento. Como ven, ya están hablando inglés. Vamos a aprender ahora como ser educados y formular deseos. Escuchen bien la pronunciación del audio para aprender el sonido correcto.

Polite form "Would like" – Forma educada "Would like"

I would like – me gustaría

You would like – te gustaría

He would like – le gustaría

She would like – le gustaría

We would like – nos gustaría

You would like – les gustaría

They would like –les gustaría

I would like some juice – me gustaría algo de jugo

I'd like to speak with you – me gustaría hablar contigo.

La forma de contracción ('d) se usa mucho,

escuchen bien la pronunciación.

I'd like
You'd like
He'd like
She'd like
We'd like
You'd like
They'd like

Veamos como expresamos deseos con "would like".

I would like to be a teacher – me gustaría ser profesor.

She'd like to have a better husband – a ella le gustaría tener un mejor esposo.

He'd like to know you more – a él le gustaría conocerte mejor.

Veamos cuando ofrecemos algo con "would like".
Cuando queremos ofrecer algo, usamos la forma interrogativa siempre.
Would you like to eat? – ¿te gustaría comer?
Yes, I would – Si.
Yes, I would like to eat – si, me gustaría comer.
No, I would not – No.
No, I would not like to eat – No, no me gustaría comer.
La forma contracción negativa es más usada.
Would you like to come with me? - ¿te gustaría venir conmigo?
Yes, I would – Si.
Yes, I'd like to. – Si, me gustaría.

Yes, I'd like to go with you – Si, me gustaría ir contigo.

No, I wouldn't – No.

No, I wouldn't like to. – No, no me gustaría.

No, I wouldn't like to go with you – No, no me gustaría ir contigo.

Espero que hayan podido notar que pueden contestar con las respuestas afirmativas y negativas en la forma de contracción.

Would you like a glass of wine? ¿Te gustaría un vaso de vino?

Yes, please. – Si, por favor.

Yes, I would. – Si.

Yes, I would like one. – Si, me gustaría.

Yes, I would like a glass of wine – Si, me gustaría un vaso de vino.

No, thanks. – No, gracias.

No, I wouldn't. No.

No, I wouldn't like one. – No, no me gustaría.

No, I wouldn't like a glass of wine – No, no me gustaría un vaso de vino.

I'd like some more wine, please – Me gustaría más vino, por favor o ¿me das más vino, por favor?

I'd like to ask you something – me gustaría preguntarte algo.

Yes, please. What would you like to ask? – Si, por favor. ¿Qué te gustaría preguntar?

I'd like to know something – me gustaría saber algo.

145

Yes, please. What would you like to know? – Si, por favor. ¿Qué te gustaría saber?

Recuerden, estamos aprendiendo como usar el "*would like*", más adelante estaremos viendo el condicional. Por ahora, nos conformamos con aprender el "would like".

Commands – ordenes o mandatos

Ordenes o mandatos en inglés son muy simples y sencillos de usar a diferencia del español.

Solo se comienza con el verbo conjugado para "*you*". Decimos "*you eat – tú comes*", entonces, solo necesitamos "*eat*" para formar el imperativo.

Eat the food – cómete la comida / cómase la comida / cómanse la comida.

Answer the phone – contesta el teléfono / conteste el teléfono / contesten el teléfono.

Walk the dog – camina al perro / camine el perro / caminen el perro.

Para el mandato negativo, usamos primero "don't", el cual ya sabemos que es la negación, y agregamos el verbo.

Don't walk the dog – no camines al perro / no camine al perro / no caminen al perro.

Don't eat that food – no te comas esa comida / no

se coma esa comida / no se coman esa comida.

¡Vieron que fácil es! Podemos usar "please" para no sonar tan rudos en el mandato y convertirlo en un mandato cortés o con educación. Siempre usaremos una coma antes de "please" al usarlo en imperativo.

Walk the dog, please – camina al perro, por favor.

Don't walk the dog, please – no camines al perro, por favor.

Answer the phone, please – contesta el teléfono, por favor.

Don't answer the phone, please – no contestes el teléfono, por favor.

Let us (let's) – vamos.

Para usar el imperativo con "nosotros" en inglés se usa la forma "let's - vamos". Este mandado puede sonar como una sugerencia o como un mandato dependiendo el tono de voz y la conversación. Veamos.

Let's eat – vamos a comer / comamos / a comer.

Let's talk – vamos a hablar / hablemos / a hablar.

Let's not eat – no comamos.

Let us not speak – no hablemos.

Usualmente se usa más la forma larga con la forma negativa en la versión de la Biblia, debido a que en el inglés hablado esta forma está en desuso.

Let us not sing – no cantemos.

Presten mucha atención a la posición del "not" de

la negación.

Cuando queremos ser más educados y formales en nuestro mandado, usamos "please", siempre colocando una coma antes de "please".

Let's study, please – vamos a estudiar, por favor / estudiemos, por favor / a estudiar, por favor.

Let us not study, please – no estudiemos, por favor.

Recuerden, el *let's* lo podemos usar con cualquier verbo y es muy usado en inglés, así que "**let's practice - a practicar**".

Prepositions of time – Preposiciones de tiempo

Como ya hemos aprendido casi todo sobre la hora en la lección anterior, vamos a aprender algunas preposiciones del tiempo para complementar.

At / about – en / acerca *(cuando hablamos de hora)*

See you at 7:00 – nos vemos a las 7:00

See you at about 7:00 – nos vemos alrededor de las 7:00.

On – en (*cuando queremos referirnos a los días de la semana y cuando hablamos de una fecha específica, dando el mes y el día)*

See you *on* Tuesday – nos vemos el martes

We are coming *on* Wednesday – llegamos el miércoles / Vamos para allá el miércoles.

See you *on* November 3rd – nos vemos el tres de noviembre.

I am coming home *on* december 25th – regreso a

casa el 25 de diciembre.

For – por / para *(cuando nos referimos a tiempo de duración)*

For how long are you traveling ¿Por cuánto tiempo estás viajando? / ¿vas a viajar?

I am traveling *for* three weeks – estoy viajando por tres semanas.

For how long is she leaving? ¿Por cuánto tiempo se marcha ella?

She is leaving *for* two months – ella se va por dos meses.

In – en *(cuando solo mencionamos un lapso de tiempo— días, semanas, un mes o un año, sin dar ninguna fecha)*

See you *in* November – nos vemos en noviembre

They are coming *in* December – ellos vienen en diciembre.

See you **in** two weeks – nos vemos en dos semanas.

See you *in* two months – nos vemos en dos meses.

See you **in** a year – nos vemos en un año.

On – en

See you *on* November 3rd – nos vemos el tres de noviembre.

I am coming home *on* December 25th – regreso a casa el 25 de diciembre.

Days of the week – Días de la semana.

Monday - lunes

Tuesday - martes
Wednesday - miércoles
Thursday - jueves
Friday - viernes
Saturday - sábado
Sunday – domingo

Los días de la semana siempre inician con letra mayúscula.

Months of the year – Meses del año

January - enero
February - febrero
March - marzo
April - abril
May - mayo
June - junio
July - julio
August - agosto
September - septiembre
October - octubre
November - noviembre
December - diciembre

Los meses del año siempre inician con letra mayúscula.

Seasons of the Year – Estaciones del año

spring - primavera
summer – verano
autumn / fall – otoño
winter - invierno

Usamos "fall" en Estados Unidos y "autumn" en otras partes del mundo. Recuerden que las estaciones del año no van en mayúsculas, a menos que sea al inicio de la oración.

Ordinal numbers – Números ordinales.

En inglés es muy fácil formar los números ordinales; solo tenemos que agregar "th" a los números cardinales y eso los convierte en ordinales. Prestamos atención a los que son irregulares, y su forma abreviada en paréntesis.

First (1st) - primero
Second (2nd) - segundo
Third (3rd) - tercero
Fourth (4th) - cuarto
Fifth (5th) - quinto
Sixth (6th) - sexto
Seventh (7th) - séptimo
Eighth (8th) - octavo
Ninth (9th) - noveno
Tenth (10th) - décimo
Eleventh (11th)
Twelfth (12th)
Thirteenth (13th)
Fourteenth (14th)
Fifteenth (15th).

Así sigue agregando solo "th"a los números cardinales formando los números ordinales. Recuerden las formas irregulares o las que tienen cambios. Es muy sencillo.

The pronoun "It" – El pronombre "It".

Ya hemos visto el pronombre "it" que significa "él o ella" para animal o cosa. Vamos a dedicarle unas cortas líneas para asegurarnos que saben cómo usarlo apropiadamente. Recuerden, se usa para animal o cosa.

The apple is good – la manzana está buena.
Como sabemos que nos referimos a la manzana, entonces podemos decir
It is good – Está buena. *(It es sustituyendo la manzana)*.

I like the apple – me gusta la manzana
I like it – me gusta (es decir, la manzana).

Veamos un ejemplo más avanzado.
I don't like to speak about *it* – No me gusta hablar sobre eso (de eso).
Vieron como usamos el "it", porque se supone que sabemos a lo que nos estamos refiriendo. Practiquemos con otros ejemplos.

I want the book – quiero el libro.
I want *it* – lo quiero.
I don't want the book – no quiero el libro.
I don't want *it* – no lo quiero.
I need the money – necesito el dinero.
I don't need *it* – no lo necesito.
The food is delicious – la comida está deliciosa.

How is it? ¿Cómo está?

It is delicious – está deliciosa.

It isn't delicious, it is ok – no está deliciosa, está aceptable.

Como pueden ver es muy sencillo, solo tienen que usar la lógica o el sentido común, puesto que es igual que en español.

Negative questions – Preguntas negativas.

Al igual que en español que usamos preguntas negativas como ¿Por qué no comes?, en inglés tenemos la misma construcción también como podemos ver debajo.

Why don't I learn English? - ¿Por qué no aprendo inglés?

Because *they say* it is very difficult. – porque dicen que es muy difícil.

Why don't you learn English? ¿Por qué no aprendes inglés?

Because I don't have a book – porque no tengo un libro.

Why doesn't he learn English? - ¿Por qué no aprende él inglés?

Because he doesn't like English – porque a él no le gusta el inglés.

Why doesn't she learn English? - ¿Por qué no aprende ella inglés?

Because she doesn't like it – porque a ella no le gusta.

Why don't we learn English? - ¿Por qué no aprendemos inglés?
Because they say it isn't worth it – porque dicen que no vale la pena.

Why don't you learn English? - ¿Por qué no aprenden ustedes inglés?
Because we don't need it – porque no lo necesitamos.

Why don't they learn English? - ¿Por qué no aprenden ellas inglés?
Because they hate it – porque ellas lo odian.

Vimos la estructura de cómo funciona y nos hemos dado cuenta que no es tan complicado como dicen. Recuerden:

Why? – ¿por qué?
Se usa para preguntar.

Because – porque
Se usa para responder.

*They say – dicen, o se dice
Equivale a un pensamiento general, es decir muchas personas dicen.

Veamos ahora con el verbo "to be". Solo presten atención cuando usamos las preguntas negativas con el verbo "to be" y "I".

*Why **aren't I** studying English? - ¿Por qué no estoy estudiando inglés?

Because I am very tired – porque estoy muy cansado.

Why aren't you studying English? - ¿Por qué no estás estudiando inglés?

Because I am very sad – porque estoy muy triste.

Why isn't he studying English? - ¿Por qué no está él estudiando inglés?

Because he is very angry – porque él está muy enojado.

Why isn't she studying English? - ¿Por qué no está ella estudiando inglés?

Because she is very sick – porque ella está muy enferma.

Why aren't we studying English? - ¿Por qué no estamos nosotros estudiando inglés?

Because we are very worried – porque estamos muy preocupados.

Why aren't you studying English? - ¿Por qué no están ustedes estudiando inglés?

Because we are very sleepy – porque tenemos mucho sueño.

Why aren't they studying English? - ¿Por qué no están ellas estudiando inglés?

Because they are very cold – porque tenemos

mucho frio.

Recuerden la diferencia. Cuando es una pregunta normal, usamos "*Am I*" cuando es una pregunta negativa, entonces, usamos "*Aren't I*". No lo olviden.

Why *am I* studying? ¿Por qué estoy estudiando?

Why *aren't I* studying? ¿Por qué no estoy estudiando?

Object pronouns – pronombres objetivos

Presten mucha atención a los pronombres objetivos; normalmente en español se colocan antes del verbo "te conozco", a diferencia del inglés en el cual se usa después del verbo o una preposición. Recuerden que los "object pronouns" se usan cuando sabemos cuál es el objeto de la oración para evitar repetición y para que la oración se entienda mejor. Veamos.

Me	- me
You	- te
Him	- le
Her	- le
It	- lo /la
Us	- nos
You	- los / les
Them	- los / las / les

Are you talking to *me*? - ¿estás hablando conmigo?

I love *her* – la amo *(sabemos de quien estamos hablando)*

I hate *him* – lo odio *(sabemos de quien estamos*

hablando)

She needs you – ella te necesita

They are speaking to **us** – ellos están hablando con nosotros.

Do you want **them**? – ¿las quieres? *(sabemos de quien estamos hablando).*

Practiquen mucho esta sección, porque necesitan dominar este concepto muy bien para poder hablar correctamente. Vamos a ver algunos ejemplos más complejos, siguiendo el mismo patrón.

She wants to speak to **me**, but I feel nervous around **her** – Ella quiere hablar conmigo, pero me siento nervioso a su lado.

I don't understand why he needs **us**, but we don't need **him** – no entiendo porque él nos necesita, pero nosotros no lo necesitamos.

Do you love **me**? – ¿me amas?

You don't need **her**, you need **me** – no la necesitas; me necesitas a mí.

Aseguremos de practicar y practicar. La clave para un buen aprendizaje es practicar cada palabra o concepto que aprendan.

Reading –

Dear Grandma Lois,

How are you? Are you feeling well? Do you still play cards with your friends?

Mom says you are coming to Greenville! Are you coming in December? You can come for Christmas! I want to see you so much. Would you like to stay with us? You don't have to stay at a hotel. We have a beautiful guest room with a couch, a bathroom, and everything!

Please let me know! We'd love to have you!

Love,

Lauren

✒️ Exercises – Ejercicios

Exercise 9.1: Write the word for the family relationship.

Example: My brother's daughter is my _niece_.

My dad's dad is my _____.

My mom's brother is my _____.

My uncle's daughter is my _____.

My brother's wife is my _____.

My daughter's son is my _____.

Exercise 9.2: Make an appropriate offer. Use "to" with verbs.

Example: "My sister is angry." _Would she like to listen to music?_

go to bed   some pizza   some soup   take them to the doctor   talk

"I'm hungry."_____

"Mom is worried."_____

"Dad is tired." _____

"The babies are sick." _____

"Grandma is cold." _____

Exercise 9.3: Make an appropriate plural ("Let's") command.

Example: The concert is on Thursday. <u>Let's buy</u> <u>tickets. </u>

buy some warm clothes   clean the house   eat
      go to sleep   study

We have a test tomorrow. _____

It's quarter after twelve. _____

Fall starts in two weeks. _____

Our flight leaves early. _____

Grandma is coming to visit tomorrow._____

Exercise 9.4: Write the correct preposition.

_____ March 21st

_____-__ 1611

_____ Saturday

_____ three days

_____ noon

🔒Lesson 10

Did you study English in school? - ¿Estudiaste inglés en la escuela?

💬Reading 1

English Teacher: So, how do you know English? Did you study English in school?

College student: Well, sort of. I mean, I didn't learn a lot.

English Teacher: Really? So did you study on your own or what?

College student: Well, I watched English movies with subtitles.

English Teacher: You put the subtitles in Spanish?

College student: No, in English.

English Teacher: Oh, that's smart.

College student: That's all you did to learn English?

English Teacher: No, I listened to music too.

College student: Yeah? Did you have any friends you talked to in English?

English Teacher: Yeah. My neighbors were Canadian.

College student: Wow! That's great!

💬Reading 2

Teacher: So, class, what did you do last summer?

Student 1: I went to Florida.

Teacher: Nice.

Student 2: I washed cars.

Teacher: Okay.

Student 3: I helped my dad with his business.

Teacher: Really? What does your dad do?

Student 3: He fixes cars.

Teacher: Great? Anyone else? Jason?

Jason: Nothing.

Teacher: You didn't do anything?

Jason: No.

Teacher: Where were you last summer?

Jason: Um, England.

Teacher: You went to England, but you say you didn't do anything?

Jason: Well, it was boring.

Teacher: Boring? What did you do?

Jason: We just saw a bunch of old buildings.

Teacher: Sounds fun to me!

Reading 3

Sam: What were you doing last night?

Judy: Well, you know, I had a lot of paperwork.

Sam: I called you three times.

Judy: Really? I guess I was listening to music.

Sam: I came by the house around 9 p.m.

Judy: Oh, at 9 p.m.? I was taking a bath.

Sam: I saw a light in the kitchen.

Judy: Oh, maybe I was cooking.

Sam: At 9 p.m.?

Judy: Well, you know, I didn't want to take a sandwich to work.

Sam: Okay. Well, maybe we can talk tonight.

Judy: Yeah, maybe.

New words – Nuevas palabras
Results - resultados
Pants - pantalones
Basic English – inglés básico
Comedy - comedia
Detective - detective
Disaster – desastre
Horror – horror - terror
Key - llave
Plan - plan
Science fiction – ciencia ficción
*Story – historia
War - guerra
Weekend – fin de semana
Western – del oeste (películas de vaqueros)
Double - doble
Food - comida
Test - examen
Trouble - problema / dificultad
Building - edificio
Farm - granja
Hometown – pueblo natal
Market - mercado
Population – población
Post card – tarjeta postal
River – río
Town – pueblo, ciudad, villa
Vegetable – vegetal / verdura
Weather – temperatura

*Boyfriend - novio
*Girlfriend - novia
Eye - ojo
Glasses – lentes / gafas
Hair - cabello
Place - lugar
Thing - cosa
Fault - culpa
Help - ayuda
Rain - lluvia
Good-looking – buen parecido / lindo
Young - joven
Elementary school – escuela primaria
*Kind (s) of – clase(s) de
*Story – historia

What kind of wine do you like to drink? - ¿Qué tipo de vino te gusta beber?

Don't tell me stories – no me hagas historias.

Hay una gran diferencia entre "***history – historia***" y "***story – historia***". En español se usa la misma palabra pero en inglés cuando hablamos de "history – historia" nos referimos a la historia en general, de hechos ya acontecidos. Y cuando hablamos de "story" es de un cuento o relato.

The history of Canada is very interesting – la historia de Canadá es muy interesante.

Don't come with old stories – no vengas con cuentos viejos.

*Boyfriend – novio

En inglés esta palabra también puede significar un amigo. Prestar atención al contexto para no

163

confundir.

*Girlfriend – novia

En inglés también esta palabra puede significar una amiga. Prestar atención al contexto para no confundir.

Phrases and expressions – Frases y expresiones

Follow me – sígueme / sígame.

Terrific – estupendo.

Right – correcto / bien.

*In trouble – en problemas.

*To have trouble with – tener problemas con.

What's the matter (with)? - ¿Cuál es el problema (con)? / ¿Qué pasa (con)?

I'd love to – me encantaría.

I guess – supongo.

To have a good time – pasar un buen tiempo.

*In trouble – en problemas

*To have trouble with – tener problemas con

En inglés se tienen "problems – problemas", pero se está en "trouble – problemas".

I **have problems** with my boss – tengo problemas con mi jefe.

I **have a problem** – tengo un problema.

You are **in** deep **trouble** – estás es serios problemas.

*What's the matter? - ¿Cuál es el problema? / ¿Qué pasa?

What's the matter with you? - ¿Qué pasa contigo? / ¿Cuál es el problema contigo?

Well, sort of. – más o menos.

On your own or what? ¿Solo o qué?

To come by - pasar a recoger (buscar) a alguien.

To pay back - devolver dinero (cuando se debe y hay que pagar)

Movies with subtitles – películas con subtítulos.

A bunch of old buildings – un montón de edificios viejos.

Sounds fun to me! – me parece divertido / suena divertido.

Paperwork – papeleo .

I called you three times – te llamé tres veces.

I saw a light – vi una luz.

Maybe I was cooking – talvez estaba cocinando.

Hemos recorrido un gran camino; nuestra jornada ha sido muy fácil hasta ahora. Hemos visto que el inglés no está tan difícil ni complicado como siempre nos decían. Ya tenemos conocimiento para hablar de cualquier tema. ¿Qué les parece si hablamos del pasado? Excelente, vamos a tratar con el pasado ahora.

Grammar – Gramática

Ya estamos listos para iniciar está lección porque ya dominamos las lecciones anteriores y estamos hablando inglés casi fluido. Nos faltan muchas cosas por aprender, pero lo importante es que estamos ya comunicándonos en inglés. Continuemos nuestro viaje al mundo de habla inglesa.

Compound nouns – Nombres compuestos

En inglés a menudo se usan dos nombres o sustantivos para formar un solo.

Bus driver – chofer de autobús

Taxi driver – taxista

Plane ticket – ticket de avión

Chicken sandwich – sándwich de pollo

Chocolate ice cream – helado de chocolate

Orange juice – jugo de naranja

Lemon juice – jugo de limón

Action movie – película de acción

Algunas veces los dos nombres se escriben como una sola palabra como ya hemos visto.

Mailman - cartero

Businessman – hombre de negocios

Businesswoman – mujer de negocios

Motorbike – motocicleta

Adjectives – Adjetivos

Muchos de estos adjetivos ya lo hemos visto en los ejemplos y oraciones anteriores. Prestemos mucha atención.

All right – está bien / de acuerdo	
Angry – enojado	Bald - calvo
Cold – frío	Cool – frío / fresco
Delicious – delicioso	Fat - gordo
Fine – bien	Fresh - fresco
Happy – feliz / contento	
Hot – caliente	Hungry - hambriento
Large – grande	Last – último
Lovely – encantador	Married - casado

Poor - pobre
Pretty – lindo / hermoso *(no se usa con hombres)*
Rich – rico   Sad - triste
Sick – enfermo
Sleepy – soñoliento / con sueño
Single - soltero   Sorry – lo siento
Strong - fuerte   Tall - alto
Terrible – terrible
Thirsty – sediento / con sed
Tired – cansado   Warm – caliente / tibio
Weak – débil   Worried - eocupado
Young – joven   Wonderful - maravilloso

New verbs – Nuevos verbos
To show – mostrar
Show me the results – muéstrame los resultados.

To project - proyectar
What are you trying to project? ¿Qué estas tratando de mostrar?
I am trying to project the presentation – estoy tratando de mostrar las presentación.

To put on – ponerse (refiriéndose a ropa)
Put on your pants – ponte los pantalones

To rain – llover (se usa con la tercera persona "it". Se llama verbo impersonal)
It is raining – está lloviendo.

To snow – nevar (se usa con la tercera persona "it". Se llama verbo impersonal)
It is going to snow – va a nevar

To think about – *pensar en*
I am thinking about you – estoy pensando en ti.

Simple Past – Pasado simple

Como el nombre lo dice, el pasado simple se refiere a eventos del pasado.

Tenemos la forma para los verbos regulares, los verbos irregulares y la forma del verbo "to be". Vamos a iniciar con los verbos regulares.

Regular verbs in simple past – Verbos regulares en el pasado simple.

La regla general es que formamos el pasado simple agregando "*d*" o "*ed*" a los verbos regulares. Veamos.

To love – *loved* - amar
To snow – *snowed* - nevar
To stay – *stayed* - permanecer
To travel – *traveled* - viajar
To walk – *walked* - caminar
To watch – *watched* - mirar
To argue – *argued* - discutir
To arrive – *arrived* - llegar
To declare – *declared* - declarar
To finish – *finished* - terminar
*To hate – *hated* - odiar
*To live – *lived* - vivir
To need – *needed* - necesitar
To play – *played* - jugar
To show – *showed* - mostrar

To wait for – *waited for* – esperar por
To help – *helped* - ayudar
To enjoy – *enjoyed* - disfrutar
To obey – *obeyed* - obedecer
To fix – *fixed* - arreglar
To mix – *mixed* - mezclar
Es bastante fácil con los verbos regulares, recuerden, solo tienen que agregar "d" o "ed". Veamos algunos pequeños cambios de vocal en el pasado simple regular. Los verbos que ya terminan en "e" solo tienen que agregarles la "d".
Si el verbo termina en "y" precedido de consonante, se cambia la "*y*" por "*i*" y se le agrega "ed".

To study – *studied* - estudiar
To cry – *cried* - llorar
To try – *tried* - tratar
To spy – *spied* - espiar
To apply – *applied* - solicitar
To bury – *buried* - enterrar
To fry – *fried* - freír
To marry – *married* – casarse

Si el verbo termina en una sola consonante que no sea "x", precedido por una sola vocal, duplicamos le consonante antes de agregar "ed".

To beg – *begged* - rogar
To hug – *hugged* - abrazar
To plan – *planned* - planear
To rob – *robbed* - robar

Si el verbo regular tiene dos o más silabas y si

termina en "l" o "r", y si la última silaba está acentuada, duplicamos la "l" o "r" y agregamos "ed".

To prefer – *preferred* - preferir
To fulfil – *fulfilled* - cumplir
To control – *controlled* - controlar

Si el verbo regular tiene dos o más silabas y si termina en "l" o "r", y si la última silaba NO está acentuada, NO duplicamos la "l" o "r"; SOLO agregamos "ed".

To cancel – *canceled* - cancelar
To travel – *traveled* - viajar
To suffer – *suffered* - sufrir
To honor – *honored* – honrar
To spell – *spelled* - deletrear

Recuerden, está regla solo funciona en USA; en el Inglés Británico verán las consonantes duplicadas. Esto es para que no se sorprendan si lo ven en alguna parte.

Irregular verbs in the simple past – Verbos irregulares en el presente simple.

Antes de comenzar a ver como se usa y dar ejemplos, vamos a ver algunos verbos irregulares. Como son irregulares, solo hay una forma de aprenderlos y es memorizándolos.

To begin – *began*   – iniciar / comenzar
To break - *broke*   - romper
To bring - *brought*   - traer
To buy - *bought*   - comprar
To build - *built*   - construir

To choose - *chose*　　- escoger
To come - *came*　　- venir
To cost - *cost*　　- costar
To cut - *cut*　　- cortar
To do - *did*　　- hacer
To draw - *drew*　　- dibujar
To drink - *drank* -　beber
To drive - *drove*　　- conducir
To eat - *ate*　　- comer
To feel - *felt*　　- sentir
To find - *found*　　- encontrar
To get - *got*　　- obtener
To give - *gave*　　- dar
To go - *went*　　- ir
To have - *had*　　- tener
To hear - *heard*　　- escuchar
To hold - *held*　　- sostener
To keep - *kept*　　– guardar o mantener
To know - *knew*　　– saber o conocer
To leave - *left*　　– dejar o marcharse
To lead - *led*　　- dirigir
To let - *let*　　- permitir
To lose - *lost*　　- perder
To make - *made*　　- hacer
To mean - *meant*　　- significar
To meet - *met*　　- conocer
To pay - *paid*　　- pagar
To put - *put*　　- poner
To read - *read　　- leer
To run - *ran*　　- correr
To say - *said*　　- decir
To see - *saw*　　- ver

To sell - *sold*   - vender
To send - *sent*   - enviar
To set - *set*   - colocar
To sit - *sat*   - sentarse
To sing - *sang*   - cantar
To sleep - *slept*   - dormir
To speak - *spoke* -   hablar
To spend - *spent*   - gastar
To stand - *stood* –   pararse o ponerse de pie
To take - *took*   – tomar o coger
To teach - *taught* -   enseñar
To tell - *told*   - decir / contar
To think - *thought*   - pensar
To understand - *understood*   - entender
To wear - *wore*   – llevar puesto / usar
To win - *won*   – ganar
To write - *wrote*   - escribir

Prestar mucha atención a la pronunciación del verbo "read" en pasado.

Veamos ahora como usamos el pasado simple en inglés. Recordemos que para hacer preguntas en el presente simple usamos "do – does" dependiendo de los pronombres. Hemos aprendido el pasado del verbo "to do" el cual es "did". Como ya sabemos la procedencia de "did" podemos comenzar.

Did: se usa para hacer preguntas en el pasado simple con todos los pronombres personales y en respuestas cortas afirmativas.

Did you come home yesterday? ¿Viniste a casa

ayer?

Podemos ver que el "*did*" está al inicio de la oración seguido del pronombre; también vemos que el verbo que le sigue "*to come - venir*" está en presente. *Como ya "did" está en pasado, el verbo principal siempre estará en presente.* No lo olviden.

Yes, I did. – Si.

Si recordamos como usar "do" no tendremos problemas, porque el uso es igual, lo único que ahora es en el pasado.

Did you go to church last Sunday? - ¿fuiste a la iglesia el pasado domingo?

Yes, I did. – Si.

Yes, I *went* to church last Sunday. – Si, fui a la iglesia el pasado domingo.

Prestemos mucha atención a la respuesta larga afirmativa, puesto que esta es la parte engañosa, si no prestamos atención. Como no podemos usar "did" en la respuesta larga afirmativa, entonces, el verbo tiene que estar en pasado "*went*".

What *did* you cook yesterday? - ¿Qué cocinaste ayer?

I *cooked* rice and beans – cociné arroz y habichuelas.

Did you study English at school? - ¿estudiaste inglés en la escuela?

Yes, I *did*.

Yes, I *studied* English at school.

No, I *did not*. – No.

No, I *did not* study English at school. – No, no estudié inglés en la escuela.

Como pueden ver, en las respuestas negativas usamos "*did not*"; por lo tanto el verbo tiene que permanecer en presente, porque ya tenemos a "*did not*" en pasado.

Did you work last week? - ¿trabajaste la semana pasada?

Yes, I *did*. – Si.

Yes, I *worked* last week. – Si, trabajé la semana pasada.

No, *I didn't*. – No.

No, *I didn't* work last week. – No, no trabajé la semana pasada.

¿Vieron la contracción de "did not"? Presten mucha atención a la pronunciación de "*didn't*".

What *did* you do last summer? - ¿qué hiciste el pasado verano?

I *went* to a summer school and *studied* basic English – fui a una escuela de verano y estudié inglés básico.

Did you read my book? - ¿leíste mi libro?

Yes, I *did*. – Si.

Yes, I *read* your book – sí, leí tu libro.

No, I *didn't*. – No.

No, I *didn't* read your book – No, no leí tu libro.

Prestar atención a la pronunciación de "*read*" en pasado, porque cambia completamente.

Did she talk to you about the problem? - ¿habló

ella contigo acerca del problema?

Yes, she *did.* – Si.

Yes, she *talked* to me about the problem – Si, ella habló conmigo acerca del problema.

No, she *didn't.* – No.

No, she *didn't* talk to me about the problem – No, ella no habló conmigo acerca del problema.

Did she spell my name wrong? - ¿deletreó ella mi nombre mal?

Yes, she *did.* – Si.

Yes, she *spelled* your name wrong – Si, ella deletreó tu nombre mal.

No, she *didn't.* – No.

No, she *didn't* spell your name wrong – No, ella no deletreó tu nombre mal.

Como les expliqué, se usan con todos los pronombres por igual; no hay ninguna diferencia.

Practiquen muy bien cada uno de los conceptos ya explicados y asegúrense de dominarlos bien antes de pasar a la siguiente lección.

Espero que hayan estudiado bien las lecciones pasadas y que estén listos para continuar.

Como vimos el verbo *"to spell – deletrear"*, estamos listos para aprendernos el abecedario en inglés

.

The alphabet – El alfabeto

A B C D E F G H I J K L M N O P Q R S T U V W X Y Z

Escuchen bien la pronunciación de cada letra para que puedan aprender a deletrar bien. Recuerden que ese es el único uso del alfabeto en inglés.

Verb to be in simple past – El verbo "to be" en pasado simple.

"To be" – Ser o estar

I was –   yo fui o estuve
You were –   tú fuiste o estuviste
He was –   él fue o estuvo
She was –   ella fue o estuvo
It was –   él o ella (animal o cosa) fue o estuvo
We were –   nosotros fuimos o estuvimos
You were –   ustedes fueron o estuvieron
They were –   ellos / ellas fueron o estuvieron.

Questions – preguntas

Was I?   - ¿fui o estuve yo?
Were you?   - ¿fuiste o estuviste tú?
Was he?   - ¿fue o estuvo él?
Was she?   - ¿fue o estuvo ella?
Was it?   - ¿fue o estuvo él / ella?
Were we?   - ¿fuimos o estuvimos nosotros?
Where you?   - ¿fueron o estuvieron ustedes?
Where they?   - ¿fueron o estuvieron ellos / ellas?

Es muy importante recordar que el "simple past" puede referirse no solo al "pasado simple" en español, pero también al "pasado imperfecto". Veamos.

Where were you yesterday? - ¿Dónde estuviste ayer? / *¿Dónde estabas ayer?*
I was at home – Estuve en casa. / *Estaba en casa.*
Were you at the church last week? - ¿estabas en la

iglesia la semana pasada?

Yes, I was. – Si.

Yes, I was at the church last week. – Si, estaba en la iglesia la semana pasada.

No, I was not. – No.

No, I was not at the church last week. – No, no estaba en la iglesia la semana pasada.

Was she here two days ago? - ¿estuvo ella aquí hace dos días?

Yes, she was. – Si.

Yes, she was here two days go – Si, ella estuvo aquí hace dos días.

No, she wasn't. No.

No, she wasn't here two days ago – No, ella no estuvo aquí dos días atrás.

Presten atención a la forma de contracción de la negación, especialmente en la pronunciación.

She was a beautiful singer when she was young. – Ella era una hermosa cantante cuando era joven.

I heard she was very pretty – escuché que ella era muy hermosa.

He was my teacher in elementary school – él era mi profesor en la escuela primaria.

En inglés se usa mucho "last – pasado / ultimo" y "ago – hace" cuando se habla del pasado.

Last night - anoche

Last week – la semana pasada

Last month – el mes pasado

Last year – el año pasado

Yesterday – ayer

The day before yesterday – anteayer
One hour ago – hace una hora
Two days ago – hace dos días
A week ago – hace una semana

The gerund in the past – El gerundio en el pasado.

Si recordamos como formar el gerundio "ing" en el presente, no tendremos ningún inconveniente, porque es lo mismo, lo único que es en pasado. Usamos el verbo "to be" en el pasado. Veamos.

Were you studying last night? - ¿estabas estudiando anoche?

Yes, I was. – Si.

Yes, I was studying last night – Si, yo estaba estudiando anoche.

No, I wasn't studying last night; I was resting – No, no estaba estudiando anoche; estaba descansando.

What were you doing? - ¿Qué estaba usted haciendo?

I was just waiting for you – solo estaba esperando por ti.

When my father arrived, I was getting ready to look for him – cuando mi padre llegó, me estaba preparando para buscarlo.

What were you doing when I called? - ¿Qué estabas haciendo cuando llamé?

I was sleeping when you called. You woke me up. – estaba durmiendo cuando llamaste. Me despertaste.

Como pueden ver, es bastante sencillo. El conocimiento adquirido les es suficiente para hablar de cualquier cosa en cualquier lugar. Recuerden que si no practican no podrán adquirir fluidez, concéntrense en usar lo que han aprendido.

Con esta lección llegamos al final de la primera parte de este increíble método de enseñanza y aprendizaje del idioma inglés. Estudien muy bien y dominen los conceptos ya dados a plenitud ya que la segunda parte viene con más inglés y conocimientos más profundos, pero fáciles de usar. Good luck – buena suerte.

Pero antes, les tengo una sorpresita preparada para después de los ejercicios. Espero la disfruten.

Exercises – Ejercicios

Exercise 10.1: Read the sentence. Write the best word.

bald   fresh   rich   single thirsty

Ken wants some water. He is _____.

George doesn't have any hair. He is _____.

Mary isn't married. She is_____.
Lily has a lot of money. She is

_____.

I bought these vegetables yesterday. They're

_____.

Exercise 10.2: Write the letter of the grammatical answer.

_____ What was Mom doing when you gave her the flowers?

_____ What were you doing when I called?

_____ What was he doing when she sang to him?

_____ What were they doing when you paid them back?

_____ What was I doing when you left?

_____ What was the dog doing when you took him his water?

They were talking.

You were reading the newspaper.

She was washing the dishes.

It was burying a bone.

He was watching TV.

I was sleeping.

Exercise 10.3: Write sentences in the simple past.

Example: You / follow me / last night_You followed me last night._

It / snow / last week_____

They / argue / last night _____

We / cry / yesterday_____

He / finish / last year_____
I / watch the movie / two weeks ago

_____

Exercise 10.4: Write sentences in the past progressive. (Some sentences have the simple past, too.)

Example: I / study publishing / in 2000.   _I was studying publishing in 2000._

She / walk / when it rained_____
They / rob the store / when the police officer drove

by _____

He / write her a letter / she arrived_____
We / do homework and drink coffee / when Mom

went to sleep_____
I / teach my class / when my daughter came to the

door_____

Conversational Level One – Nivel de Conversación Uno

At the stadium

Pam loves football. She has invited her niece to a football game so that her niece, Lisa, can find out how wonderfully and exciting football really is. "Nice move!" she shouts. Her team is in a good position to win the game.

"It's such a beautiful day," Lisa comments.

Pam does not hear her. "Go, go," she shouts. "Oh, he was so close to another touchdown."

"What happened?" Lisa asks.

"Aren't you paying attention, Lisa?"

Lisa is lost. She does not understand football and doesn't know why all the men tackle each other. "I want another hotdog."

"Shhh! Pay attention." Lisa watches as the men hunch over and pass the ball back: "Hut-hut," says the quarterback.

Lisa looks around. She's the only person not wearing orange. It's not her color. Besides, she's from out of state. Everyone is yelling "Get 'em" and "Tackle 'em."

Soon the orange team has the ball again. "Go, go . . . 3rd touchdown!!!"

Pam looks over at her niece. She is not enjoying

the touchdown. "Listen, this is how it works. They have four tries to make 10 yards."

Lisa still doesn't look excited. Her aunt continues, "It's the anticipation of what play the coach is going to call. People agree or disagree with the play. And you see the guys working so hard. It's very exciting."

Lisa listens to the shouts around her. She watches the game. She watches the players running down the field. She sees the receiver running, and "Touchdown!" Everyone is shouting, and Lisa's shouting too. She's hooked.

Phrases and Expressions

Nice move! – Buena jugado, Buena movida, bien *pensado (se usa cuando tenemos una idea o acción inesperada que traerá los resultados deseados).*

Lisa comments – Lisa comenta.

Tackle each other – se taquean mutuamente.

Hunch over and pass the ball back – se doblan (encorvan) y pasan el balon *(se refiere a la posicion que adoptan los futbolistas para cada jugada).*

Says the quarterback – dice el quarterback *(posición en footbol de atacar).*

She's from out of state – ella es de otro estado.

Get 'em and Tackle 'em – atrapalos y taquealos *(en el idioma hablado se usa mucho este tipo de forma, get them and tackle them seria lo formal).*

She is not enjoying the down – ella no esta disfrutando la entrada *(un down es un tiempo en cada partido, parecibo a "inning" en béisbol).*

They have four tries to make 10 yards – tiene cuatro intentos para correr 10 yardas.

The anticipation of - la anticipacion de.

What play the coach – que jugada el entrenador...

People agree or disagree with the play – las personas aceptan o no la jugada *(están en acuerdo o en desacuerdo).*

Running down the field – corriendo en el campo.

She sees the receiver running – ella ve al receptor corriendo

And "Touchdown!" - y "Gol"

She's hooked – ella está emocionada *(esta expresión quiere decir que ella ya está en el juego, ya estaáatrapada y emocionada con el juego).*

College enrolling

Dana: So what major did you choose?

Mattie: Well, I don't know for sure what I want to do, so I put undecided.

Dana: So did I. Then at the end of my first year, I chose my major.

Mattie: How did you decide on a major?

Dana: Well, you know, in the first year or two, you take the general courses—English, history, computer applications, math, speech, and so on. So you find out which courses you enjoy the most. And you talk to people in different majors and ask what they plan to do after graduation. Then you choose the area you like.

Mattie: So, what do you plan to do after graduation?

Dana: Actually, for my internship, I'm doing some design—logos and such. And I started doing it as a freelancer online. I'm getting really good at it.

Mattie: That's great!

Dana: Do you like design?

Mattie: I can't even draw a fish.

Dana: Oh. Well, do you like math, science, humanities?

Mattie: Uh, no.

Dana: What do you like?

Mattie: I like sewing, crafts.

Dana: How about interior design?

Mattie: Ah, that sounds nice.

Dana: But it's a science major. Do you like science?

Mattie: It's okay.

Dana: In that major, they take a lot of science courses. I'm going to have lunch with an interior design friend. Do you want to come along? You can ask her questions and decide if you want to study it.

Mattie: That sounds great. Thanks so much! I don't like the sound of the label "undecided."

Phrases and Expressions

College enrolling - inscribiendose en la Universidad.

So what major did you choose? – que Carrera escogiste *(major en este caso se refiere a estudios universitarios dos o 4 años).*

I don't know for sure - no lo se aun (no estoy segura aun).

I put undecided – puse "indecisa"

You enjoy the most – que disfrutes más.

Then you choose the area you like – entonces seleccionas el area que te gusta.

For my internship – para mi pasantía.

As a freelancer online – como trabajador independiente en linea.

I'm getting really good at it – me estoy volviendo Buena en eso.

Do you like design? – ¿te gusta el diseño?

I can't even draw a fish – no puedo ni dibujar un pescado.

I like sewing, crafts – me gusta la costura, manualidades.

How about interior design? – ¿qué tal desiños de interiores?

Do you want to come along? – ¿Quieres acompañarme? *(come along es acompañar al aguien).*

Graduation's day

Mom: It's a beautiful day for a graduation.

Dad: Yeah, I love gray, cloudy depressing days.

Mom: Well, you don't have to worry about sunburn.

Dad: Yeah. There isn't any more money for medical bills.

Mom: Stop complaining and look for Greg. . . . Tell me when you see him.

Dad: I'm not telling you anything. I can just see you waving and screaming and making a fuss.

Mom: Oh, what's the fun if you don't get excited?

Dad:　　You have to promise you won't make a scene.

Mom:　　Ok.

Dad:　　There he is.

Mom:　　Already? Where?

Dad:　　Right in front of you.

Mom:　　There he is. He's talking to the president! What do you think they're talking about.

Dad:　　Probably his tie is crooked.

Mom:　　You can be so difficult.

Dad:　　Haha. He dropped his diploma. That's my boy.

Mom:　　When does this service end?

Dad:　　Another hour. You know, they all have to walk across the stage, not just Greg.

Mom:　　Oh, okay. Wake me when it's over.

Dad:　　Well, they're almost done. . . . . Ah, here comes Greg.

Mom:　　Greg, the president talked to you. I saw him. What did he say?

Greg:　　Keep moving.

Mom:　　Oh, okay. Well, stand over there with your dad. I want a nice picture of the two of you.

Greg:　　Like this? (He sticks out his tongue.)

Mom:　　No. I want a natural pose.

Greg:　　*[Makes bunny ears with his fingers behind his dad's head.]*

Mom:　　Put your hand around his waist.

Dad:　　If you want it natural, he can put his hand in my pocket!

Phrases and Expressions

Cloudy depressing days – dias nublados y depresivos.

To worry about sunburn – preocuparse por quemaduras del sol.

For medical bills – para facturas medicas.

Stop complaining – deja de quejarte / para de quejarte.

I can just see you waving – solo puede verte moviendo los brazos *(wave – es mover los brazon o haciendo señales con los brazos)*.

And making a fuss – y haciendo un escandalo (una bulla).

You won't make a scene – no haras una escena.

Probably his tie is crooked – probablemente su corbata está doblada.

You can be so difficult – puedes ser tan difícil.

That is my boy – ese es mi chico.

To walk across the stage – caminar por el escenario.

Wake me when it's over – despiertame cuando se acabe.

Keep moving – muevanse *(no se detengan, muevanse)*.

He sticks out his tongue – saca la lengua.

I want a natural pose – quiero una pose natural.

Makes bunny ears with his fingers behind his dad's head – pone orejas de conejo con sus dedos en la cabeza de su papa.

At the restaurant

A couple (husband and wife) walk into a restaurant. "How many are there in your party?"

"Just us two," they answer.

The waitress shows them to their table and gives them their menus. "Good evening. Here are your menus. Can I bring you something to drink?"

"Not right now," replies the husband. "We need to look at the menu first." The waitress tells them to let her know when they are ready.

They both look at their menus for a couple minutes. Then the wife asks her husband, "Do you see anything you like?"

"Well, I really want shrimp cocktail, but I can't find it on the menu. How about you?"

"Oh," she replies, "I thought I would get some chicken fried chicken, although it's a little expensive."

He agrees: "It's really expensive."

"Are you ready to order?" asks the waitress.

"Well, . . . " the wife begins, but her husband interrupts.

"Do you have shrimp cocktail?"

"No, I'm sorry," replies the waitress. "We do not. We have fried fish." But the husband does not want fish. He wants shrimp.

The wife asks, "Is the chicken fried chicken good?"

"Everyone says it's delicious."

"Mmm, then I think—"

"Do you have grilled shrimp?" asks the husband.

"No, we do not."

"I think I—" begins the wife.

"Fried shrimp?"

"No."

"I—"

"Hot and spicy shrimp?"

"Sir," replies the waitress, "we do not have shrimp. How about I give you a few more minutes to decide?"

"That would be nice," answers the wife. She then says to her husband, "Honey, if you like, we can go somewhere else."

"Let's do that," he answers. So they go to their favorite all-you-can-eat restaurant.

"That comes to $25 for two adults with refills," says the cashier.

"Great," says the husband, "where's the shrimp cocktail?"

"Oh, I'm sorry," replies the cashier, "We don't have shrimp cocktail."

Phrases and Expressions

A couple – un par / una pareja

How many are there in your party?" – ¿cuántos hay en el grupo? *(party significa partido, pero en términos legales y en restaurantes se usa como grupo)*

For a couple minutes – por un par de minutos.

Chicken fried chicken - Milanesa de pollo empanizada y frita.

How about I give you – ¿qué tal si les doy?

A few more minutes – un par de minutos más.

All-you-can-eat restaurant – un restaurant en donde comes todo lo que puedas comer

With refills – con repetición *(puedes repetir las veces que quieras)*

At the drugstore:

A customer at a popular drugstore looked around for a long time. An employee asked him, "Can I help you?"

He answered, "I'm looking for men's shampoo."

"This bottle is for men," she said.

"No, it's purple."

"But it says here, see? Men's Shampoo."

"Can't you see? It's purple. It's not for men."

"Ok, sorry, sir. Anything else I can do for you?"

But the customer wanted to keep looking, so the employee went back to the other aisle and continued stocking shelves.

Soon, the man went to the pharmacy counter. "Do you have montelukast?"

"Yes, do you have your prescription?" the pharmacist asked.

"No, but I always get it here," the man answered.

"I'll check your record." The pharmacist told him, "Actually, we have your prescription on record, and it is still valid."

"So are you going to give me my pills?"

"Just a minute, Sir. I'll get them for you."

A few minutes later, the man brought a few items to the cash register, and the cashier asked him, "How are you, Sir?"

"You tell me!" he answered.

The employee looked at the items the man was

buying: a box of tissues, cough drops, ibuprofen, and ginger tea for a sick stomach. "Oh, sorry you're not feeling well, Sir. Did you find everything you were looking for?" The man told her he didn't need anything else.

Before giving him his total, the cashier said, "Did you notice our BOGO sale on the tissues?" When the man just stared at her, she explained, "They're buy one get one free."

The man looked irritated. "You people are always trying to get me to spend more money."

The cashier realized the man did not understand, so she just said, "Okay, Sir, that's $7.99."

The man started looking in his wallet. "Mmm? Do you accept credit?" he asked and then handed the cashier an expired credit card. The clerk told him that the card was expired and asked him if he had cash.

"Well, yeah, but I don't have an eight-dollar bill," he said, laughing. He handed her a ten-dollar bill and walked off with his things.

"Don't you want your change, Sir?" asked the cashier. "Nope!" he yelled back.

Phrases and Expressions

Looked around for a long time - Pasarlo viendo qué hay *(look around – mirar alrededor, o cuando se camina por los pasillos de la tienda mirando productos o artículo)*

Other aisle – otro pasillo

Continued stocking shelves – continuó poniendo los productos en los estantes.

montelukast?" – medicina para las alergias

A few items – algunos artículos
You tell me - Tú, dime
Cough drops – gotas para la toz
Ginger tea – te de jengibre
BOGO sale - dos por uno
Stared at her – se quedó mirándola fijamente *(stare es mirar fijamente)*
Handed the cashier an expired credit card –le entrego una tarjeta vencida a la cajera *(to hand es entregar o pasar con la mano algo a alguien)*
Walked off with his things – se marchó con sus cosas *(walk off es marcharse o irse caminando)*
Nope!" he yelled back. – no, él le respondió

At the ER

A young man and his mother walked into a hospital. The boy didn't really notice what was happening, but his mother was already upset because she had to drive to two different hospitals. "I didn't know the hospitals took turns taking emergency cases on weekends," she complained.

"Mmm," said the boy.

The mother walked up to the receptionist and explained her son's problem, and the receptionist told her to take a seat. So she and her son sat down in the waiting room. They sat, and sat, and sat. The mother started talking to a friendly woman who spoke Spanish. They talked for three hours. But when the nurse called the boy's name, the mother was in the restroom, and the Hispanic woman walked with the boy to explain his problem. "He's intoxicated," she said.

The nurse said he would not help the boy. At that point, the mother returned. "My son needs help."

"I'm sorry, but we don't help in these cases," the nurse said.

"Why not?" the mother asked.

"Just take him home to sleep it off," said the nurse.

"Sleep it off? He's very sick!"

"What are the symptoms?" asked the nurse.

"Well, he ate some fish that had been sitting out for a couple hours in the hot weather, and he started throwing up. Now he's a little better, but he's in a lot of pain."

The nurse said he probably had food poisoning, but he also asked, "How much did he drink?"

"Drink?" the mother asked. "He had some water."

"I'm sorry. You're friend told me he was intoxicated. But don't worry. I understand the problem. In Spanish, food poisoning is called *intoxicación*. We can help you. Come right back with me.

Phrases and Expression

At the ER – En la sala de emergencia *(ER es la abreviación de Emergency Room)*

To drive to two different hospitals – conducir a dos hospitales diferentes

Took turns - se turnaron *(take turn es turnarse)*

In the waiting room – en la sala de espera

A friendly woman – una mujer amistosa

The nurse called the boy's name – le enfermera

llamó el nombre del chico

In the restroom – en el lavabo / en el baño

He's intoxicated – él está borracho *(intoxicated en inglés es cuando alguien esta borracho)*

To sleep it off - que se le pase durmiendo

That had been sitting out – que se habían quedado fuera del refrigerador

Come right back with me. - indicando que le acompañe por la puerta hasta el área más restringido de las camas de emergencias

* Level One Tests – Examenes del Nivel Uno

Estos son los exámenes para pasar el nivel uno. Asegúrense de tomar su tiempo y completarlos correctamente. Una vez los hayan completado y estén completamente seguros que han terminado. Pueden presentarlos a un amigo de habla inglesa para que los revise y les diga si lo hicieron bien, o pueden enviarme un email con sus exámenes. Sin en algún punto, aun están dudosos, deberán repasarlo y asegurarse de dominarlo muy bien. El primer nivel es la base para todo el aprendizaje, sin dominarlo bien, no podremos aprender bien. Es imperativo dominar a la perfeccion cada uno de los conceptos presentados en este nivel. ***Good luck once again!***

Test 1.1: Choose the correct plural form.

bike	bikes	bikies
books	bookes	bookies
boxs	boxes	boxies
boys	boyes	boies
potato	potatoes	potaties
spys	spyes	spies
wifes	wives	wivies

Test 1.2: Choose the correct answer. Write the letter.

_____ Where to?

_____ Who with?

_____ What for?

My mom

The park

To buy a car

After work

Test 1.3: Replace the noun with the correct personal pronoun: *I, you, he, she, it, we,* or *they.*

Example. People like fruit. _They_ like meat, too.

Mom cooks vegetables. _____ eats fruit, too.

The car doesn't have a radio. _____ doesn't have **comfortable seats** either.

Dad drives to work. _____ walks, too.

My husband and I don't go to work. _____ don't have money either.

Matt and Jerry don't like to read. _____ don't like to read either.

Test 1.4: Write the correct form of the verb.

Example: She / go / to work _She goes to work._

students / need / fruit _____

my dog / swim / in the pool

_____

I / want / something to drink

_____

You / do / your homework / fast

_____

We   /   prefer   /   to   buy   a   car

_____

Test 2.1 Write the correct possessive pronoun: my, your, his, her, its, our, their.

Example: They need _their_ car.

Julie cooks for _____ husband.

Dad drives _____ car to work.

The fish swims in _____ **aquarium.**

We like _____ little park.

Test 2.2: Write the sentence in *going to* future.

Example: I _am going to go to bed_ (go to bed). I'm tired.

Dad _____ (fix) the roof. He is putting on his work clothes.

It _____ (rain). The **sky** is black.

Jenny_____ (cook). She is taking the meat out of the refrigerator.

Grandpa _____ (come) to our house! He has his ticket.

Moses and Josh _____ (learn) the lesson. They are studying.

You _____ (like) this movie. It's great!

Test 2.3: Write the verb in present progressive.

He _____ (work). He has some cars to sell.

She _____ (not wear) nice clothes. She's in bed.

I _____ (not study). I'm sick.

We _____ (not board) the plane. Our plane is late.

They aren't enjoying their day. They _____ (argue).

Test 2.4: What's in the fridge? Use *there is* or *there are*.

_____ some cake.

_____ five apples.

_____ some rice.

_____ a package of hot dogs.

_____ some cookies.

Test 2.5: Write the possessive form.

Example: The dog has a bone. _the dog's bone_

Mom has a car. _____

Dad has a job. _____

John and Susie have some letters. _____

Margaret has a party. _____
Mae, Rae, and Jay have tickets.

_____ _____

Test 3.1: Write *this, that, these,* or *those.*

(1) _____ flowers over here are really

expensive, but (2) _____ flowers over there
are pretty, too.

(3) _____ fish that I'm eating is really
good,

but (4) _____ turkey over there looks
good, too.

(5) _____ customer I'm helping is really

angry, but (6) _____ customer waiting
over there looks nice.

(7) _____ couch over there is too heavy,

but (8) _____ chair over here is too light.

Test 3.2: Underline the correct word.
We don't need **(many / much)** cake. My husband
doesn't like cake.
They want **(a / some)** suitcases for their trip. They
don't have any.

The dress is (**too / very**) pretty. I want to buy it.

There are (**many /much**) animals at the zoo.

I'd like (**a lot of / much**) chocolate ice cream. It's really hot outside!

Test 3.3: Underline the best sentence.

Drink some wine! / Would you like to drink some wine?

You were bad! **Stand in the corner. / Let's stand in the corner.**

Let's eat the cake now! / Eat the cake now!

Test 3.4: Write the verb in the correct form: simple past or past progressive.

I _____ (watched / was watching) a show when the woman _____ (arrived / was arriving).

I _____ (waited / was waiting) for my friend when the movie _____ (started / was starting).

I _____ (begged / was begging) for the job

when this terrific person _____ (applied / was applying) for it.

When he _____ (asked / was asking) to marry

me, I _____ (planned / was planning) to leave him.

Test 4.1: Under the correct verb form.

We (**go / are going / went**) to a party later tonight.

We always (**eat / are eating / ate / are going to eat**) chicken on Sundays.

I (**wash / am washing / washed / am going to wash**) the car now.

She (**buys / is buying / bought / is going to buy**) her car last year.

Test 4.2: Read the answer choices. Write the correct word.

I would like _____ help with this. (any/some)

He told us lots of _____ about his trip. (history/stories)

_____ a butterfly on the flower! (There is/There are)

I like this car over _____. (here/there)

I like fish _____ it is healthy. (because/why)

_____ people don't eat meat. (many/much)

_____ three types of people: those who can **count** and those who can't. (There is/There are)

Test 4.3: Underline the correct word.

This is (**me / my / mine**) car.

Those keys are (**they / their / theirs**).

(**He / His**) is my husband.

Are these (**you / your / yours**) cookies?

Test 4.4: Underline the correct preposition.

We're neighbors! Our house is (**between / for / next to**) yours.

"Where are my keys?" / "They're (**at /over/ under**) you, on the couch."

She is coming (**about** / **at** / **on**) Wednesday.
The bike is (**about** / **behind** / **on**) the school.

Verb list – Lista de verbos

To stick – pegarse - adherirse
To tell - decir
Hunch over – encorvarse – doblarse
To agree – estar de acuerdo - acordar
To answer – contestar - responder
To apply – solicitar
To argue – discutir
To arrive – llegar
To ask – pedir o preguntar
To be – Ser o Estar.
To beg – rogar
To begin - iniciar - comenzar
To board – abordar
To break - romper
To bring - traer
To build - construir
To bury – enterrar
To buy - comprar
To cancel – cancelar
To cash – cambiar dinero
To check in – registrarse
To choose - escoger
To circle - encerrar
To come – venir
To come along – acompañar
To come in - entrar
To comment - comentar

To complain - quejarse
To complete - completa
To conjugate - conjugar
To continue - continuar
To control – controlar
To cook – cocinar
To cost - costar - valer
To cough - toser
To cry – llorar
To cut - cortar
To dance – bailar
To declare – declarar
To defer – diferir
To die – morir
To disagree – estar en desacuerdo
To do - hacer
To draw - dibujar
To dream - soñar
To drink – beber
To drive – conducir
To eat – comer
To enjoy – disfrutar
To feel - sentir
To fill in – llenar
To find - encontrar
To finish– terminar
To fish – pescar
To fix – reparar - arreglar
To fry – freír
To fulfil – cumplir
To get – obtener - conseguir
To get up – levantarse

To give - dar
To go – Ir
To go out – salir
To hand - entregar
To hate – odiar
To have – tener
To have lunch - almorzar
To hear - escuchar - oir
To help – ayudar
To hold - sostener - sujetar
To honor – honrar
To hook – enganchar
To hug – abrazar
To keep - mantener - guardar
To kiss – besar
To knock - tocar
To know – saber - conocer
To lead - dirigir
To learn - aprender
To leave - dejar - irse
To leave – - partir
To let - permitir
To lie – - mentir
To like - gustar
To listen to – escuchar
To live – vivir
To look around – mirar alrededor
To lose - perder
To love – amar
To mail – enviar
To make – hacer
To marry – casarse

To match - combinar
To mean - significar - querer decir
To meet - conocer - econtrarse - reunirse
To mix – mezclar
To need – necesitar
To obey – obedecer
To offer – ofrecer
To open – abrir
To pay - pagar
To plan – planear
To play – jugar
To prefer – preferir
To project - proyectar
To put - poner
To put down - bajar
To put on – ponerse
To rain – llover
To read – leer
To refer – referir
To refill - rellenar
To report - reportar
To rest – descansar
To rewrite - reescribir
To rob – robar
To run – correr
To say - decir
To see – ver
To sell – vender
To send - enviar
To set – establecer, montar, fijar
To show – mostrar
To sing – cantar

To sit - sentarse
To sleep – dormir
To smoke – fumar
To snow – nevar
To speak – hablar
To spell – deletrear
To spend - gastar
To spy – espiar
To stand – pararse - levantarse
To start – comenzar
To stay – quedarse - permanecer
To stock - almacenar
To stop – detener - parar
To study – estudiar
To suffer – sufrir
To swim – nadar
To tackle - taquear
To take – tomar - coger - llevar
To talk – hablar
To teach
To tell - decir - contar
To think – pensar
To tie – amarrar
To travel – viajar
To try – tratar
To understand - entender
To wait - esperar
To wait for – esperar por
To walk – caminar
To walk off - irse
To want – querer
To wash - lavar

To watch - ver - mirar - observar

To wave - agitar

To wear – usar - llevar puesto

To whisper – susurrar

To win - ganar

To work – trabajar

To worry - preocuparse

To write – escribir

To write – escribir

To yell – gritar – vociferar

Grammar Summary

Lesson 1

The plural

Personal pronouns

Conjugation of verbs in present tense

List of verbs in present tense

Three model verbs

Lesson 2

The auxiliary verb "To do"

Conjunctions

Adverbs

Definite article

Indefinite article

Cardinal numbers

Lesson 3

Does

Grammar summary

List of new verbs

Lesson 5

To be

Lesson 6

There is / There are
Prepositions "In / At / On"
Possessive adjectives
The preposition "Of
Possessive Case
Can
Prepositions
Lesson 7
Present progressive "Going to"
Countries
Nationalities
Languages
The gerund
New verbs
Lesson 8
Prepositions
Demonstrative pronouns
Adjectives
Possessive pronouns
Telling the time
Adverbs
Frequency Adverbs
Lesson 9
Polite form "Would like"
Commands
Prepositions of time
Days of the week
Months of the year
Seasons of the Year
Ordinal numbers
The pronoun "It"
Negative questions

Object pronouns
Lesson 10
Compound nouns
Adjectives
New verbs
Simple Past
Regular verbs in simple past
Irregular verbs in the simple past
Did
Alphabet
Verb to be in simple past
The gerund in the past

Answers to exercises – Respuestas de los ejercicios

Como terminaron sus exámenes y se aseguraron de dominar cada concepto, pueden verificar las respuestas al final del libro. Me he tomado la libertad de ofrecerles las respuestas de todos los ejercicios de cada lección asi también como los del examen de nivel. Pero no hagan trampa, solo ustedes pierden si hacen trampa. *See you on the second volume.*

Lesson 1

Answers to Exercise 1.1:

books   bikes churches   kisses
beers   cakes dishes buses
boys   boxes potatoes   wives
cities   spies leaves knives

Answers to Exercise 1.2:

The wives of two boys want some kisses.
The boys eat the cakes and the cheeses.
They put down the knives.
No hugs for the wives.
Now the boys need to wash up the dishes.

Answers to Exercise 1.3:

They work hard.
They drive fast.
They work hard.
They study people.
They sing at night.

They / I sleep like a baby.
They eat fast.
They swim fast.
They swim slowly.
They eat fish.
Answers to Exercise 1.4:
Wives talk.
They write emails.
Teachers need sleep.
Babies sleep in church.
They need kisses.
You and I need English.
We like English books.
I cook meat with potatoes and tomatoes.
We eat fast.
You wash the dishes.
Answers to Exercise 1.5:
I like to swim in the pool.
I want to fish in the park.
I need to read an English book.
Boys like to eat cake.
We need to speak English.
They want to cook a fish.
Answers to Exercise 1.6 will vary. They should be true for each student.

Lesson 2
Answers to Exercise 2.1:
some
too
either
too

either
some
either
either
some
too

Answers to Exercise 2.2:
but
and
and
and
but
but
and
but
but
and

Answers to Exercise 2.3:
I want to **buy** a dog.   **Any** dog is okay.
I want to **buy** the dog.   It's a specific dog.

I like to read a book at night.   Any book is okay.
I like to read the book at night. I   read   a   specific
book.

I need to talk to a teacher.   Any   teacher   is
okay.
I need to talk to the teacher.   I   need   a   specific
teacher.

I like to drink the wine at night.   I   drink   one

specific **type or bottle** of wine.

I like to drink some wine at night.   Any wine is okay.

I like music.   Any music is okay.
I like the music.   It's a specific **piece** or **collection**.

I want to rest at the beach.   It's a specific beach.
I want to rest at a beach. Any beach is okay.

Lesson 3
Answers to Exercise 3.1:
How much?
How much?
How many?
How much?
How many?
How much?
How much?
How much?
How much?
How many? / How much?
Answers to Exercise 3.2:
Where
What
Who
Where
Who
Where
What
What
Who

Where
Answers to Exercise 3.3:
Kisses
Eat
Hate
Drives
Starts
Like
Like
Needs
Prefer
Do
Lesson 4
Answers to Exercise 11: Answers will vary.
Answers to Exercise 12:
That's a shame.
I'm glad you like it.
It's nice to meet you.
Don't worry.
Here you are.
Good idea.
Answers to Exercise 13:
She
I
you
They
we
Lesson 5
Answers to Exercise 5.1:
She is a secretary.
He is a mechanic.
She is a housewife.

He is a salesman.

He is a pastor.

She is a pharmacist.

He is a pilot.

She is an actress.

He is a taxi driver.

He is a police officer.

Answers to Exercise 5.2:

Yes, it is.

No, they aren't.

No, it isn't.

Yes, it is.

No, it isn't.

No, it isn't.

No, they aren't.

No, they aren't.

Yes, it is.

Yes, they are.

Lesson 6

Exercise 6.6: Write "There is" or "There are."

_____ a bike in the house.

_____ a dog on the bike.

_____ some dishes on the dog.

_____ some sandwiches on the dishes.

_____ some meat in the sandwiches.

Answers to Exercise 6.1:

next to

over
on
behind
on
at
between
Answers to Exercise 6.2:
go
you cook
you come
you arrive
buy
Answers to Exercise 6.3:
cook
play
run
sing
speak
Answers to Exercise 6.4:
my
her
its
his
your
their
Answers to Exercise 6.5 will vary.
Answers to Exercise 6.6:
There is
There is
There are
There are
There is

Lesson 7
Answers to Exercise 7.1:
I'm going to make shrimp cocktail.

I'm going to practice speaking English.

I'm going to play with my **daughter.**

I'm going to work a lot.

I'm going to travel to Greece.

Answers to Exercise 7.2:
am talking

is cooking

is making

is setting

is finishing

is eating

are enjoying

is playing

Answers to Exercise 7.3:
Mom is cooking.

My sister washes the dishes.

Dad fixes the roof every year.

My brother is taking a shower.

Mom goes to bed late.

Lesson 8
Answers to Exercise 8.1:
Which boat is theirs?

Which seat is his?

Which bicycle is hers?

Which salad is mine?

Which flowers are theirs?

Which flight is ours?

Which passport is mine?

Which suitcases are hers?

Which calculator is yours?
Which box is theirs?

Answers to Exercise 8.2:
This
That
This
That
This
Those
This
That
These
Those
Answers to Exercise 8.3 will vary.
Answers to Exercise 8.4 will vary.
Lesson 9
Answers to Exercise 9.1:
grandfather
uncle
cousin
sister-in-law
grandson
Answers to Exercise 9.2:
Would you like some pizza?
Would she like to talk?
Would he like to go to bed?
Would you like to take them to the doctor?
Would she like some soup?
Answers to Exercise 9.3:
Let's study.
Let's eat.

Let's buy some warm clothes.

Let's go to sleep.

Let's clean the house.

Answers to Exercise 9.4:

on

in

on

in

at

Lesson 10

Answers to Exercise 10.1:

thirsty

bald

single

rich

fresh

Answers to Exercise 10.2:

C

F

E

A

B

D

Answers to Exercise 10.3:

It snowed last week.

They argued last night.

We cried yesterday.

He finished last year.

I watched the movie two weeks ago.

Answers to Exercise 10.4:

She was walking when it rained.

They were robbing the store when the police officer drove by.

He was writing her a letter when she arrived.

We were doing homework and drinking coffee when Mom went to sleep.

I was teaching my class when my daughter came to the door.

Answers to Level One Tests – Respuesta de los Examenes del Nivel Uno

Answers to Test 1.1:
bikes

books

boxes

boys

potatoes

spies

wives

Answers to Test 1.2:
b

a

c

Answers to Test 1.3:
She

It

He

We

They

Answers to Test 1.4:
Students need fruit.

My dog swims in the pool.

I want something to drink.

You do your homework fast.

We prefer to buy a car.

Answers to Test 2.1:
her

his
its
our
Answers to Test 2.2:
is going to fix
is going to rain
is going to cook
is going to come
are going to learn
are going to like
Answers to Test 2.3:
is working
isn't wearing
am not studying
are not boarding
are arguing
Answers to Test 2.4:
There is
There are
There is
There is
There are

Answers to Test 2.5:
Mom's car
Dad's job
John and Susie's letters
Margaret's party
Mae, Rae, and Jay's tickets
Answers to Test 3.1:
These
those

This

that

This

that

That

this

Answers to Test 3.2:

much

some

very

many

a lot of

Answers to Test 3.3:

Would you like to drink some wine?

Stand in the corner.

Let's eat the cake now!

Answers to Test 3.4:

was watching; arrived

was waiting; started

was begging; applied

asked; was planning

Answers to Test 4.1:

are going

eat

am washing

bought

Answers to Test 4.2:

some

stories

There is

there

because

Many
There are
Answers to Test 4.3:
my
theirs
he
your
Answers to Test 4.4:
next to
under
on
behind

Conclusión

Muchas gracias por seleccionar el *Curso Completo de Inglés – Nivel Uno* por Yeral E. Ogando para su aprendizaje. Por fin, han llegado al final del primer nivel, por lo tanto, ya pueden hablar inglés fluido y están listos para el nivel dos.

Les exhorto que continúen practicando y hablando inglés en todo momento, ya les he dicho que la Practica hace al Maestro. Visiten mi pagina de internet para más información.

God bless you and see you in volumen two.

Dr. Yeral E. Ogando
www.aprendeis.com

BONO GRATIS

Estimado Estudiante,

Necesitas descargar el audio MP3 para usar este increible método para aprender inglés. Visita este link:

http://aprendeis.com/ingles-audio-nivel1/

Usuario "ennivel1"

Contraseña "enl2016"

Solo tienes que descargar el archivo comprimido, descomprimirlo y estas listo para iniciar tu experiencia al mundo del inglés.

Si quieres compartir tu experiencia, comentario o possible sugerencia, siempre podrás contactarme a info@aprendeis.com

Muchas gracias por estudiar el *Curso Completo de Inglés – Nivel Uno* y por escuchar mis instrucciones.

Caros afectos,

Dr. Yeral E. Ogando

Otros libros escritos por Dr. Yeral E. Ogando

Conciencia: El Héroe Dentro de Ti

Yeral E. Ogando Proviene de un origen muy humilde y continúa siendo un humilde siervo de nuestro Señor Todopoderoso; entendiendo que no somos más que recipientes y el Señor nos llama y nos envía también a hacer Su trabajo, no nuestro trabajo. Lucas 17:10 "Así también vosotros, cuando hayáis hecho todo lo que os ha sido ordenado, decid: Siervos inútiles somos, pues lo que debíamos hacer, hicimos".

El Señor Ogando nació en el Caribe, República Dominicana. Es el padre amado de dos bellas chicas Yeiris y Tiffany.

Jesús le trajo a Sus pies en la edad de 16-17 años. Desde entonces, ha servido como Co-pastor, Pastor, profesor de la Biblia en las escuelas, consejero de jóvenes, plantador y fundador de iglesias. Actualmente está sirviendo como Secretario para la Iglesia Reformada Dominicana así como de enlace para Haití y EE.UU.

Fluido en varias lenguas el Señor Ogando es el Creador y dueño de un Ministerio de Traducción Online que opera desde el 2007; con traductores cristianos Nativos en más de 25 países. (www.christian-translation.com),

Lo más apasionante acerca de su Ministerio de Traducción es que miles de personas están recibiendo la Palabra de Dios en su lengua nativa diariamente y cientos de ministerios logran llegar al mundo a través del trabajo de Christian-translation.com junto con su red de traducción de 17 sitios web relacionados con traducciones cristianas, a diferentes lenguas.

9 780996 687393